OHITORI HOTEL GUIDE

おひとり
ホテルガイド

まろ

おひとりプロデューサー

朝日新聞出版

誰かと泊まるのもいい。
でも、今日はひとりで泊まりたい。

　私は、誰かとホテルに泊まるのが大好きです。夜な夜な語り合ったり、感動を共有し合ったり、新たな気づきをくれたり。それは、誰かと一緒だからこそできることだなと思います。それと同じように、私は、ひとりでホテルに泊まるのも大好き。なぜならやっぱり、ひとりだからこそできることがあるからです。自分のペースでやりたいことをやり尽くせたり、一旦日常から離れることで自分と向き合えたり、おしゃべりに夢中だと気づけないような、ふとした瞬間の景色にうっとりできたり…。

　そんな"わがまま"を叶えてくれるホテルは、この世に無数にあります。空間が美しいホテル、シティなラグジュアリーホテル、大自然の絶景が味わえるホテル、そしてクラシックホテルや温泉旅館、ビジネスホテルまで。ジャンルもコンセプトも異なる多種多様な選択肢から選ぶことができます。

　そう、ひとりホテルって、過ごし方も、選び方も自由。十人いれば十通りのスタイルがあるから、面白いのです。だからこの本で紹介するホテルが好みでなくても、過ごし方に共感できなくても、それでいいと思っています。それぞれのスタイルで、私も、皆さんもひとりホテルを楽しめますように。この本が"私のひとりホテル"を見つけるヒントになれたらうれしいです。

まろ

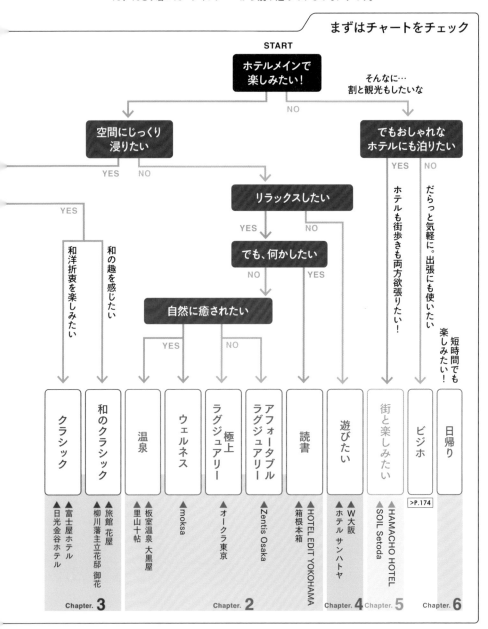

今日はどんな気分？ # 私のひとりホテル、見つけます。

ひとりホテルは、"私の気分"だけで決められるのがいいところ。ということで、そんな私の気分にぴったりのホテルが探せるように、チャートを作ってみました！ たどり着いた"チャプター"から読み進めてみるのもアリです。

まずはチャートをチェック

START

ホテルメインで楽しみたい！

そんなに…割と観光もしたいな

NO

空間にじっくり浸りたい

YES　NO

でもおしゃれなホテルにも泊りたい

YES　NO

YES

ホテルも街歩きも両方欲張りたい！

だらっと気軽に。出張にも使いたい

リラックスしたい

YES　NO

和洋折衷を楽しみたい

和の趣を感じたい

でも、何かしたい

NO　YES

短時間でも楽しみたい！

自然に癒されたい

YES　NO

クラシック	和のクラシック	温泉	ウェルネス	ラグジュアリー極上	ラグジュアリーアフォータブル	読書	遊びたい	街と楽しみたい	ビジホ	日帰り

▲日光金谷ホテル
▲富士屋ホテル
▲柳川藩主立花邸 御花
▲旅館 花屋
▲里山十帖
▲板室温泉 大黒屋
▲moksa
▲オークラ東京
▲Zentis Osaka
▲箱根本箱
▲HOTEL EDIT YOKOHAMA
▲W大阪
▲ホテル サンハトヤ
▲SOIL Setoda
▲HAMACHO HOTEL

>P.174

Chapter.**3**　　Chapter.**2**　　Chapter.**4** Chapter.**5**　Chapter.**6**

目次

マーク凡例　☎ 電話番号　📍 所在地　🛏 客室数
　　　💴 宿泊料金(特に記載がない場合、消費税・サービス料込みの料金を
　　　記載しています。記載の金額のほかに、入湯税や宿泊税などが加算
　　　される場合があります。料金は時期により変動することがあります。
　　　1名での宿泊の場合、繁忙期など受け入れ不可の施設もあります。
　　　🕐 チェックイン・チェックアウトの時間、または営業時間
　　　� 交通アクセス

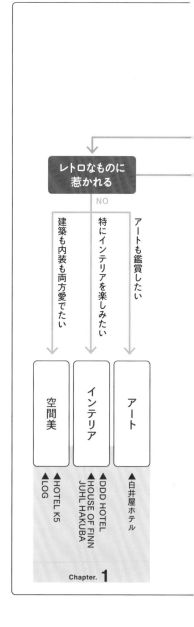

レトロなものに惹かれる
NO

建築も内装も両方愛でたい → 空間美
特にインテリアを楽しみたい → インテリア
アートも鑑賞したい → アート

空間美
▲LOG
▲HOTEL K5

インテリア
▲HOUSE OF FINN JUHL HAKUBA
▲DDD HOTEL

アート
▲白井屋ホテル

Chapter. **1**

※掲載されている内容は取材時(2024年5月)のものです。お出掛けの際は事前にご確認下さい。

ひとりお悩み相談室①
〜あるある編〜

フォロワーさんから募集した、ひとりホテルのお悩みに私が答えます！まずは、〝あるある〟編から。ホテル紹介の合間にも〝相談室〟を設けてますので、ぜひご覧ください〜。

結局ひとりで何するの？ 問題

お悩み

> ひとりで羽を
> 伸ばしたかったはずなのに、
> 急に何をしたらいいか
> わからなくなる
> （匿名希望）

> ひとりだと
> 結局スマホ見ちゃいます。
> もっとホテルを楽しみたい！
> （米）

ほか多数

夜の館内散歩が好き

そう！ よく聞かれるんですけど、何か特別なことをしよう！と構えなくていいと思っています。「携帯いじっちゃう…」というお悩みもありましたが、私は普段やっていることも、ホテルでやるとなんだか贅沢に感じられて好きなんですよね。個人的に好きで、少し変わった？過ごし方でいうと、人けの少ない夜に館内を散歩したり、お部屋に合う優雅なBGMを選んで女優気分を味わったり（笑）朝ごはん後に幸せな2度寝をしたり、ですかねえ。今回ホテル紹介ページの多くに、滞在中の流れが分かる「まろの過ごし方」も書いてみたので、よかったらそちらもご覧ください！

ひとりで夜ごはんどうする？ 問題

お悩み

> ちょっといい
> レストランだと
> カップルや家族ばかりで
> 人目が気になる
> （コジャ）

> ホテル内の
> ちょっといいレストランで
> 食事してみたいけど、
> 緊張して行けない
> （Ao）

ほか多数

オープンキッチンは楽しい

"人目が気になる"お悩みがかなりありましたが、多分それは人目ではなく、自分が気にしているだけな気がします！ そう言われても…という人もいると思うので、そんな方は、食事処に仕切りがある半個室・個室のお宿や、お部屋食のお宿を選ぶのがいいかもしれません。個人的には、オープンキッチンのカウンター席が好き。調理の様子を眺められて飽きないし、「この食材はなんですか？」など、スタッフさんと会話が弾むところも多くて楽しいです。あとは、食事の待ち時間に本を読むことも結構あります。そんな感じで、ひとりディナーをぜひ堪能してください。

色々
ありますよね〜

6

まず前提として、"部屋売り" をしているお宿のビジネスモデル上、これは仕方のないことなんです。その上で、私は2人利用時の料金とは比較せずに「**この値段で、ひとりで泊まって満足できるか？**」という観点だけで決めています。そもそもの目的が違うので、例えばTシャツが欲しいのに、「ズボンの方が安いですよ」と言われたからといって買わないのと同じかなと。あとは、**ひとり客向けの割引プラン**や素敵なシングルルームがあるお宿もあるので、そんな場所も本書では紹介しています。料金が下がりやすい、6月や冬の閑散期を狙うのもおすすめです！

ひとりだと
宿泊費が高くて
つい躊躇してしまう
（おなみ）

夢のシングル
ルームも

2人ならホテル代が半額。ひとりだとちょっと高い。これが悩みです

（Tact）

ほか多数

🧳 ひとりホテルの持ち物

ひとりホテルステイで、私がよく持って行くアイテムをご紹介。そんなに特別なものはないのですが、よかったらご参考までにご覧ください！

モンベルの
トラベルキットパック

まず、色合いがいい。伸縮性があって結構入るのもポイント。モスグリーンの方は、フック付きで便利です。

マタドールの
パッカブルバッグ

こういう大きいサイズの折り畳めるバッグって、意外とないので重宝しています。これで爆買いしても大丈夫（笑）。

無印良品のスーツケース

ストッパーが効いて便利で、使いやすい！ ペタペタ貼っている好きなホテルのステッカーも気に入ってます。

モンベルの
バキュームパック

ロゴが好きです！ 圧縮袋自体は実は最近まで使ってなかったのですが、使い始めたら手放せなくなりました。

ユニクロ アニヤ・ハインドマーチ
コラボのパッカブルトート

大浴場に行くのに大きいかごがない時に、こちらの出番。ナイロン素材なので、濡れたタオルも入れられます。

偏愛ひとりホテル ～ホテルロゴ編～

ひとりホテルだからこそ、ホテルのディテールをじっくり味わえるよさがあると思っていて、今まで愛でてきた"私の偏愛"をまとめました。

まずは、ホテルロゴ編。ロゴって、そのホテルの"顔"なので、本当に個性豊かなんですよね。あんな小さい中に世界観がギュッと詰まっていて、キリッとしていたり、柔らかかったり、ひとつひとつ"表情"が違うんです。しかも、さりげなく館内のあらゆるところにあしらわれていて！

皆さんもひとりホテルの際には、ぜひ素敵な"ロゴ"との出合いも楽しみにしてくださ
い。

moksa

お宿の清涼な空気を感じられる、積み木のような美しいロゴ。縦に"積み上げた"バージョンもあります。マスキングテープのグッズにもなっていてかわいい…。 　　>P.88

Ace Hotel Kyoto

このホテルに愛おしさを感じるのは、柚木沙弥郎先生が手がけたフォントが館内を彩っているからだと思います。トートバッグで、ずっと夢の余韻に浸れるなんて幸せ。 　>P.26

白井屋ホテル

ここによく似合うスタイリッシュなロゴには、ローカルとグローバル、歴史と未来が交差するようにという思いがあるのだそう。よくみるとコースターに凹凸のロゴが！ 　　>P.30

ホテル サンハトヤ

ひや～この昭和レトロ感！ たまらないですよねえ。見れば見るほど愛着が湧きます。右胸に小さくロゴが入っているTシャツは、ひと目ぼれして愛用中。なんてかわいいんだ！ 　　>P.132

日光金谷ホテル

クラシックホテルは、時代を経てロゴも変遷しているのが面白い！です。今に近いのが右のロゴで、金谷家の家紋である「笹竜胆(ささりんどう)」があしらわれています。 　　>P.102

山の上ホテル

"山の上"をあらわすユーモアのあるロゴが、らしさ全開で愛おしい。館内のあらゆる場所で愛でられるのが好きだったのですが、傘があると聞いた時には即買いしました。 　　>P.122

OHITORI HOTEL

\ わたしの気分別 /

Chapter.

1

五感でじっくり味わって…

空間に酔いしれたいホテル

丸福樓 >P.22

ひとりだから、その空間に身を委ねて、いつまでも夢を見ていたいと思うホテルがあります。五感でその空間をじっくり味わえば、ふと目に飛び込んでくる"私だけの絶景"。他の人が見たらなんてことない景色かもしれないけど、それでいい。自分の直感で、一瞬一瞬の美しさを逃さずに堪能してください。

空間美

HOTEL K5

[東京・日本橋]

「 こだわり抜かれた空間を
いつまでも独り占めしていたい。 」

かつて金融街として栄え、今もその面影が残る日本橋・兜町の『K5』。大正12年に竣工した銀行別館のビルをリノベーションし、現在はホテル、レストラン、バーなどの複合施設となっています。

当時の建築を生かしつつ、インテリアや植栽など随所に新しい息吹が吹き込まれていて、空間としての仕上がりがとにかく素晴らしいです。デザインを監修したのは、ストックホルムを拠点とする建築家ユニット「CLAESSON KOIVISTO RUNE」。米粒のようなひとり掛けチェアなど、彼らの表現する〝美しい日本〟にイメージした照明や折り紙のような胸を打たれます。お部屋では、イスに腰掛けて天蓋のベッドを愛でたり、ベッドに寝転がって、光が透ける藍染めのカーテンにうっとりしたり。ひとりだから

こそ発見できる、〝私だけの景色〟が見つかります。

実は初めてK5に宿泊したとき、お部屋でレコードに針を落とした瞬間、思わず泣き崩れてしまったんです。包み込むような美しい空間、高い天井から降り注ぐ音楽…。今思うとあのときが、このホテルに恋した瞬間だったのかもしれません。だからでしょうか、ここは何度来ても、誰かと来る想像はできなくて。いつまでも独り占めしていたいと思ってしまいます。

『おひとりさまホテル』の
名シーンはココ！

私もこんな風に、お部屋の景色をただただ、ぼーっと眺めて独り占めしています。

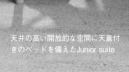

天井の高い開放的な空間に天蓋付きのベッドを備えたJunior suite

レトロなタイルの廊下、美しい…

バーでチェックインの演出はアガる！

まずはチェックイン♪

15:00 CHECK IN

今回のテーマは
どこを切り取っても、映画のワンシーンのよう！
女優さん気分で、ロマンチックな雰囲気にじっくり浸ります。

ROOM

レコードかけてベッドを眺めてまったり…至福〜

3

1.一番お気に入りの"折紙チェア" 2.米粒モチーフの照明。ベッドから眺めるのも好き 3.天井高4.5mのHigh Ceiling Junior Suite。K5 Roomもおすすめ

レコードをかけて
空間に酔いしれる

好きなレコードをかけて、あらゆるイスに腰掛け、色々な角度からお部屋を愛でる時間が何よりの幸せです。コーヒーを飲んで、備え付けの本を読みながら、時々視線をお部屋に移して…。ふとした時に目に入るすべての光景に、心からうっとり。目を閉じるのが惜しくて、つい夜更かししてしまうのが悩みです。

12

待ちに待ったディナー！

バーで大人な夜を

心ゆくまでくつろぎます

お部屋に到着

⏴22:00 BAR　　⏴19:00 DINNER　　⏴15:30 ROOM

1.昆布ダシで茹でた白子とプチヴェール 2.お好み焼き風味のホタテ。3.〆は日本橋の文化を踏襲したお蕎麦

五感で味わいたい、ディナーコース

ディナーは1階のレストラン「caveman」で。あっと驚く旬の食材のハーモニーに、心奪われること間違いなし。カウンターで気張ることなく、じっくり繊細な味を堪能できます。

DINNER

カウンターでじっくりお食事を堪能

大人の秘密基地で特別な夜を

お食事後は、シックな赤色がムーディーな雰囲気を醸し出す「Bar-Ao-」へ。置いてある本片手に、お酒に、空間に酔いしれる時間がたまりません。

BAR

1.メニューはサワーカクテルが中心。こちらは「リアルレモンウィスキーサワー」 2.美しいソファチェア

名残惜しいけど、またね

2度寝最高〜！

待ちに待ったモーニング！

魅惑のバスタイム

植栽に囲まれた空間で
朝から"コース料理"を

朝も「caveman」でスープやサラダ、ファラフェルなど、コース仕立てでおいしくて美しい朝食を。植栽に囲まれた空間も気持ちよく、窓からは金融街の街並みを眺められます。

BREAKFAST

1.カウンター席なのでひとりに◎。置いてある花瓶もかわいらしい 2.パンに合わせるバターもおいしい

NIGHT

"サンセット"に浸る
ほろ酔い気分のバスタイム

食べて飲んで、すっかり満たされた後は、優雅なバスタイムを。ミラーの赤いライティングが、水面に反射して、まるでサンセットのよう。少し扉を開けて、レコードを聴きながら浸かると、体が溶けていくような心地よさが味わえます。

いつもは上らないけれど

普段は面倒くさくて避けがちですが、この
階段となると話は別。いつもるんるんで、
スキップしながら上っています。

なんでもない日も特別に

K5チームは、まるで彼氏のように(笑)、い
つも素敵なサプライズをしてくれます。こ
ういったおもてなし、沁みますね。

 こんな
サービスも

おひとり
ステイ

K5 Room

1人1泊
5万5000円〜

「絆創膏をいただけま
すか?」と聞いたら、
こんなかわいい袋
が! 恐るべし、K5

[東京・日本橋]

HOTEL K5

ホテル ケーファイブ

広さ20〜80㎡の20の客室を備える。カフェ
SWITCH COFFEE、レストランcaveman、
Bar -Ao-、ビアホールのBなど、併設の飲食店
は宿泊ゲスト以外も利用できる。

☎03-5962-3485
📍東京都中央区日本橋兜町3-5
🛏20室 ⏰IN15:00 OUT12:00
🚉東西線・日比谷線茅場町駅から徒歩5分

歩くのが楽しい、日本橋兜町

金融街ならではの重厚な建物が今も残っ
ていて、雰囲気ある街並みが広がっていま
す。「BANK」はぜひ立ち寄って!

LOG

［広島・尾道］

「 "尾道を灯す"空間にうっとり
わたしが一番好きなホテル。 」

スタジオ・ムンバイ代表
ビジョイ氏の書斎をイ
メージしたライブラリー

絵画のように尾道の景色が切り取られた、吹き抜けのロビー

「ひとりで泊まって一番好きなホテルは？」と聞かれた時、真っ先に浮かぶのが「LOG」です。

名前は「Lantern Onomichi Garden」から来ていて、その名の通り、尾道を灯しています。手掛けたのは、世界的にも注目を集める設計事務所「スタジオ・ムンバイ」。千光寺につながる坂道の途中にある昭和30年代のアパートメントを再生していて、当時の空気感を生かしつつ、この土地の情景をさらに美しく切り出しています。

お部屋から望む尾道水道。いつ見ても飽きない風景

施設全体のカラーリングも、質感も、全て尾道のために一から作られたもの。私はここで、ひとりでじっくり"五感"で味わう尾道が大好きです。

お部屋の窓際で聞く、造船所が奏でる金属音、ライブラリーから見る黄昏時の景色、ダイニングに降り注ぐ柔らかい朝日…。どれも忘れられないのに、またこの美しい瞬間に出会いたくて、何度も通っています。最近では、自分への誕生日祝いで宿泊することもあって、本当に特別なお宿です。

今回のテーマは
尾道を五感で味わう、優
雅な時間。カラーリン
グや質感に至る細部ま
で、ひとつひとつをじっく
り愛でます。

チェックインして
お部屋へ

繭に包まれたような
お部屋でひと休み

カフェメニューを
テイクアウト

15:30 ROOM

15:00 CHECK IN

ROOM & PUBLIC SPACE

尾道の美しさに包まれて

ふと目に留まる尾道の情景にほれぼれします。
この土地の海や空、木々に合わせて、色や質感
が決められているので、ここから見る尾道が特
別に美しい。何気ない風景まで逃さずにいられ
るのは、ひとりステイならではかも。館内を歩
きながら、立ち止まって食事や読書をしなが
ら、尾道を独り占めする時間が何より幸せで
す。

窓辺のこの空間が
好きすぎる…

1.お部屋の繭のような美しい障子を"額
縁"に 2.モールガラスの窓越しに見る尾
道のグラデーション 3.「Cafe & Bar
Atmosphere」から一瞬のぞいた景色

ライブラリーに到着

夕焼けがたまりません
ここから見る

縁側で尾道を感じます

西陽に染まる館内を散策

⏱17:00 LIBRARY

LIBRARY

景色を楽しむのもよし、読書するのもよし

1.LOGにまつわる本がたくさん 2.ビジョイ氏が座っているのが想像できるような"書斎"

空間を愛でながら
作り手の思いに浸る

スタジオ・ムンバイにあるビジョイ氏の書斎をイメージしたライブラリーに入れるのは、宿泊者だけの特権。ここでは、LOGが誕生するまでのストーリーや、同氏のアイデアの根源に触れることができます。窓から見える空や木々を思わせるセージグリーンの空間にうっとりしながら、作り手に、尾道に思いを馳せて。

ここから見る、夕暮れ時の景色もとっても綺麗

朝日を浴びて
お風呂

お待ちかねの
朝ごはん

ダイニングで
ディナー

バーで食後の一杯

8:00 BREAKFAST　　　21:00 BAR　　　18:00 DINNER

DINNER & BREAKFAST

美しい緑のダイニングで
瀬戸内の季節の恵みを

庭の木々の色をイメージしたという緑が映える
ダイニングで、料理家・細川亜衣さん監修の、
瀬戸内の恵みをふんだんに取り入れたお食事
を。朝は、風にゆらめく木漏れ日を感じながら、
夢のようなひと時を過ごせます。

3.昨夏のディナー
コースのトマト鍋
4.線香花火のよう
な光に癒される夜
のダイニング

1.朝の木漏れ日に包まれ
た、やわらかな質感のダ
イニング 2.バターたっ
ぷりのパンケーキがおい
しい

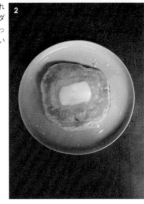

20

心奪われた横山秀樹さんのグラス

朝日が差し込んだときの、美しさといったら！ 横山秀樹さんはLOGで知り、グラスを購入して、今も大切に使っています。

ロマンチックな誕生日のサプライズ

誕生日にいただいた花束。中庭に咲いていたアルストロメリアだそうで、LOGらしい粋なプレゼントに感動しました。

買ったもの

誕生日に思い切ってルームウェアを購入。肌触りが心地よく、お気に入りです

おひとり
ステイ

1泊1室
4万2350円〜
（2食付）

[広島・尾道]

LOG
ログ

尾道の千光寺につながる坂道の途中にある、昭和30年代のアパートをリノベーションした宿。ダイニングやカフェ・バー、ショップ、ライブラリー、ギャラリーを擁する。

☎0848-24-6669
📍広島県尾道市東土堂町11-12
🛏6室 ⏰IN15:00 OUT11:00
🚶JR尾道駅から徒歩12分

待ち受ける"山頂"の絶景

最寄りの道路から、LOGへの道のりにはなんと100段の階段が。でもだからこそ、上りきったときの景色は格別です。

カラフルなタイルが彩る、アール
デコ装飾の美しいロビー

空間美

丸福樓

[京都・鍵屋町]

「 もう、ずっといたい…
ひとり京都のおこもり宿。 」

当時の趣を活かした
リノベにうっとり

1.スーペリア キングのお部屋 2.コーヒーを飲みながら暖炉を愛でました 3.幾何学模様の美しい壁紙 4.元々あった洗面台が一部残されている

ROOM & PUBLIC SPACE

建物の趣をじっくり味わう
お気に入りは既存棟の部屋

館内のいたる所に当時の趣を感じるデザインがあるので、散歩は欠かせません。お部屋は、既存棟の"スーペリア キング"がお気に入り。鮮やかな泰山タイルの暖炉や、それとリンクしたカーテン、天井装飾にうっとりしました。

「京都のお宿で"おこもり"はもったいない」と思う方もいるかもしれませんが、ここは"例外"です。「丸福樓」は、1930年代の任天堂旧本社を活かした美しいリノベ建築が魅力のお宿。ロビーからアールデコ装飾に圧倒されます。私が泊まった既存棟のお部屋も当時の趣がしっかり残っていて、その空間美を存分に味わいました。

オールインクルーシブのプランがあるのも特徴。マイペースに好きなだけお料理をいただいて、この空間を目一杯味わうことができます。あまりの心地よさに、チェックアウトしたくないと駄々をこねそうになりました。

DINING

自然光が降り注ぐ
温もりを感じるレストラン

料理家・細川亜衣氏がお料理だけでなく、空間まで監修しているレストラン「carta.」。優しいお料理にマッチする空間となっていて、身も心もやすらぎます。

1.朝のやわらかな空気のダイニング　2作家・横山秀樹氏の美しいガラス照明が優しく包み込む

優しいお料理にほっこり

夜食もいただきます

夜の館内散歩は欠かさずに

心躍るモーニング

お部屋でごろごろ

アウト後にも軽食が！大満足

23:00 NIGHT
24:00 PUBLIC
8:00 BREAKFAST
10:00 ROOM
12:00 CHECK OUT

今回のテーマは空間とお食事を堪能して、身も心も"満腹"に。食べ過ぎには要注意！です(笑)。

玄関からわくわく

アールデコ調の美しいエントランスにうっとり

お部屋の暖炉前でコーヒータイム

館内の意匠めぐり

大好きな細川亜衣さん監修のレストランへ

15:00 ARRIVAL
15:30 ROOM
17:00 PUBLIC
19:30 DINNER

夜が似合うホテル

レストランからお部屋へ戻る帰路でこんな光景が。なんてロマンティック！ しばらく立ち止まって"独り占め"しました。

カラフルなタイルにときめく

レストランのお手洗いがとってもかわいい！ 鮮やかでレトロなタイルにキュンとしました。トイレって本当に見逃せない。

1.ディナーコースの鰹節が踊るポテトチップス 2.チェックアウト後に食べたシーフードグラタン

おすすめプラン

オールインクルーシブ

1人1泊
6万5000円〜（3食付）

[京都・鍵屋町]
丸福樓
まるふくろう

4棟からなる建物に、5つのスイートルームを含む18室がある。建築家・安藤忠雄氏が設計デザインを手掛け、壁に本人のサインが書かれた部屋もある。

☎075-353-3355
📍京都府京都市下京区正面通加茂川西入
鍵屋町342
🛏18室 🕐IN15:00 OUT12:00
🚃京阪七条駅から徒歩6分

ROOM KEY

エントランスの表札がついた鍵。宿泊者に限り購入もできます

FOOD

チェックアウト後までひたすらに満たされる食欲

朝夕食だけでなく、なんと夜食やチェックアウト後の軽食まで楽しめます。自分のペースで好きなものを、好きなだけ食べて、ひとりホテルの醍醐味を味わいました。

柚木氏の作品が映える
"スタンダードキング"
はひとり向きの客室

Ace Hotel Kyoto

[京都・烏丸御池]

"East Meets West"の
愛おしさがたまらない。

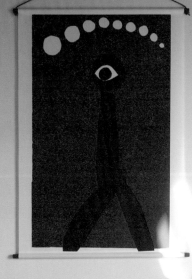

愛おしい感情を抱くホテルはここだけかもしれません。

米・シアトル発の「Ace Hotel」が、アジア第1号として開業した「Ace Hotel Kyoto」。コンセプトは「East Meets West」で、東洋と西洋の文化が絶妙に混ざっていて、遊び心もあり、とにかく愛おしいのです。特に惹かれるのは、染色家・柚木沙弥郎先生の作品。ホテルロゴや各フォント、グラフィックにいちいちキュンとして、思わず抱きしめたくなります。パブリックスペースも充実しているので、あらゆる場所で"エース"の風を感じるのも、楽しみのひとつです。

やっぱりこの景色が好き

アーチにきゅん

ただいま、わたしの Ace Hotel Kyoto

◁ 15:00 CHECK IN

今回のテーマは私の"愛おしい"を見つける旅へ。好きなものに囲まれる多幸感を味わいます。部屋は保存棟のヒストリックツイン。

ROOM & PUBLIC SPACE

フレンドリーで自由
エースの風を感じて

まず印象的なのは、開放的なロビー。多様なゲストが交差して生まれる自由な空気が、エースホテルらしくて大好きです。お部屋のアイテムは、今にも喋り出しそうな"お友達感"があってほっこり。温もりであふれていて、ホッとひと息つけます。

ロビーは宿泊者以外も利用可能。リモートワーカーも多い

2　1

3

1.ドライヤー袋の絵も柚木氏作 2.清掃の札が箒。ユーモアたっぷり 3.お気に入りの客室は、保存棟のヒストリックツイン4.ベッドサイドランプのデザインはミナ ペルホネン 5.ギターがある客室も

5

4

音楽に酔いしれる夜

グッズを見つつ、レコード選びも

このディナーコース、最高!

"おかえり"のメッセージにほっこり

◁ 19:00 DINNER

DINING

ひとりでカジュアルに "グルメ散歩" が楽しい

館内には3つのレストラン＆バーと、ロビーフロアにカフェが。オープンな空気感で、ひとりでカジュアルに食事できるのがうれしいポイントです。イチオシは、目黒の人気レストラン「Locale」のシェフで米出身のケイティ・コールが監修する、2023年にオープンしたばかりのメインダイニング。

1.天井が高く開放的なメインダイニング「KŌSA」 2.色鮮やかなアミューズブッシュ。ディナーコースは全6品や7品など3種類ある

1.「Stumptown Coffee Roasters」。軽めの朝食をいただくのにもぴったり 2.LAで大人気のシェフが監修するバー＆タコスラウンジ「PIOPIKO」。カウンターでちょい飲みもいい

『おひとりさまホテル』のあのシーンはココ!

©まろ マキヒロ子／新潮社

若葉ちゃんは「PIOPIKO」でメキシカンディナーしていました。

自転車借りて鴨川へGO！気持ちいい～

ひとやすみ、ギターでも弾いちゃう？

カフェで軽食とコーヒーを調達

また来るね～！

□ 12:00 CHECK OUT　　□ 10:00 WALK

独り占めした、私だけの絶景

トートバッグ記念日

柚木先生のフォントにひと目惚れし、購入したトートバッグ。記念日にお部屋でパシャリ。今も大切に使っています。

気がつけばこの写真ばかり

浜名一憲氏の壺が置いてあるロビーの階段付近。来るたびに見とれては、毎回同じ画角で写真を撮っているのでした。

[京都・烏丸御池]

Ace Hotel Kyoto

エース ホテル キョウト

建築家の隈研吾氏と、LAを拠点とするコミューンデザインがコラボレーション。旧京都中央電話局の建物を生かした保存棟と増築棟があり、異なる雰囲気を楽しめる。

☎075-229-9000
📍京都府京都市中京区車屋町245-2
🛏213室 ⏰IN15:00 OUT12:00
🚇烏丸線・東西線烏丸御池駅直結

おすすめ
ステイ

スタンダード
キングルーム

1泊1室
4万1019円～

🛍 こんなグッズも

シャンプー類はukaで、オリジナルのもの。なんと全世界のエースホテルにあるんです。まあかわいいこと！

白井屋ホテル

[群馬・前橋]

「ひとりで思う存分癒されたい
どこまでも本気のアートホテル。」

吹き抜けの下にある
アート作品で彩られた
「ザ・ラウンジ」

30

螺旋階段を上りながら移りゆく景色を楽しんで

1

3

1. グリーンタワー
2. ジャスパー・モリソンルーム 3. 梁と階段が絡み合うヘリテージタワー

2

ARCHITECTURE

渾身の作品を独り占め

ホテルは、大胆な吹き抜けが印象的なヘリテージタワーと、旧河川の土手をイメージして新築されたグリーンタワーの全2棟。圧巻な建築で、歩くだけでワクワクします。アーティストが手掛けた客室で、優雅に作品を鑑賞する時間もたまりません。

「白井屋ホテル」は取り壊し寸前の老舗旅館を、前橋出身の起業家で、アイウエアブランド「JINS」創業者・田中仁氏が私財で買取り、世界中の名だたるクリエイターたちが集結して生まれ変わらせた、"本気"のアートホテルです。館内に作品を飾るだけでなく、設計を手掛けた藤本壮介氏をはじめ、空間全体をクリエイターたちが作り上げているのが大きな特徴。この素晴らしい建築とアートを、自分のペースで堪能できるのは何よりの贅沢です。さらにサウナや食事も"本気"で、いつも時間が足りないくらい充実のステイを叶えてくれます。

『おひとりさまホテル』のあの部屋はココ！

©マキヒロチ／新潮社

この絶景、森島さんが悔しがるほど感動する理由も分かります。

1.オープンキッチンのカウンター席で味わう「the RESTAURANT」のディナー 2.毎夜さまざまな色に変わる、レアンドロ・エルリッヒの作品「ライティング・パイプ」

DINNER

オープンキッチンのカウンター席で楽しい

1

2

絶品ディナーや"ショー"も 眠れないヒトリノ夜

群馬の食文化をあっと驚くイノベーティブな手法で表現したフレンチのコースを。思わず体が踊り出すほど絶品です。食後にお店を出ると、張りめぐらされたパイプの作品が鮮やかにライトアップ！ 眠りにつくのが惜しくなります。

◁22:00 BATH

ノンアルのペアリングも最高

ライトアップに酔いしれる

バスタブの蛇口までアート

スピーカーがロマンティックなお部屋で就寝

◁8:00 SAUNA

朝サウナでととのう

◁10:00 BREAKFAST

朝日を浴びながら朝食

今回のテーマは
アートと建築を愛でつつ、サウナやお食事も満喫する"欲張り"な癒しステイ。お部屋はレアンドロ・エルリッヒルーム。

◁15:00 ARRIVAL

FROM THE HEAVENS
FROM THE PRAIRIES FROM
FROM THE MOUNTAINS

早速アートがお出迎え

大胆な吹き抜けとらせん階段

◁16:00 LOUNGE

ラウンジでゆったり

お部屋でアート鑑賞

◁18:00 DINNER

イノベーティブなディナーに感動！

これも"作品"

製糸所時代の前橋を象徴するレンガの床。植栽の影が映る瞬間が、作品のように美しくて見とれてしまいました。

アートなハウスキーパー

ハウスキーパーのユニフォームにも、外観と同じローレンス・ウィナーの作品が！こんなところまで"本気"で感動。

おひとりステイ

1人1泊
3万900円～

[群馬・前橋]

白井屋ホテル

しろいやホテル

旧白井屋をリノベーションしたヘリテージタワーと旧河川の土手をイメージして新築したグリーンタワーの2棟からなる。ダイニング、週末営業のバー、ベーカリー、タルト専門店、カフェなども。

☎027-231-4618
📍群馬県前橋市本町2-2-15
🛏25室 🕐IN15:00 OUT11:00
🚉JR前橋駅から徒歩15分

1.流石のデザイン。花瓶でロウリュができる仕掛けも
2.グリーンタワーの丘の上に佇むサウナ小屋

🛍 こんなグッズも

外観のローレンス・ウィナーの作品がステッカーに！トレーナーなども売っています

SAUNA

サウナでととのう朝

3種類も貸切サウナがあるのですが、お気に入りは"ベッドルームサウナ"。ゴロンと横たわりながら、自分とゆっくり向き合う時間に。

「Poet room」。主役となるイスの
名称が部屋の名前になっている

インテリア

HOUSE OF
FINN JUHL HAKUBA

[長野・白馬]

「フィンユールの世界に包まれて
"ヒュッゲ"なひとり時間を。」

フィン・ユール氏の座り方を真似っこ

1.リビングルーム 2.Japan roomのデスク 3.代表作のチーフテンチェア 4.素敵なグラデーションのキャビネット

DESIGN

お部屋でも共用部でも じっくり眺めて"触れて"

お部屋はもちろん、フィンユール家具に囲まれた豊富な共用スペースも魅力的です。「家具は鑑賞するためだけではなく、使うもの」と共同オーナーの岡崎さん。触れてみていいなと思う、自分の"お気に入り"を見つけてください。

お宿めぐりを始めた頃。空間を堪能することに歓びを感じ、興味を持つようになったのが、その空間を彩る"インテリア"でした。そんな時に見つけたこのお宿は、まさに私が求めていた空間そのもの。

フィンユールの家具を製造する会社が手掛けているので、美しいフィンユール家具をメインに空間が構成されていて、デンマークを彷彿とさせる白馬の景色とも見事にマッチしているんです。どこを見てもうっとり。ここに来たら何もしないで、本場の"ヒュッゲな時間"を味わうのが私の過ごし方。あらゆるイスに腰掛けては、心ゆくまでくつろぎます。

1.充実のおつまみとワイン。フィンユール関連書籍も 2.ラウンジでお気に入りの"定位置"

NIGHT

地下のラウンジで
楽しい夜のひと時を

夜はこだわりのワインなどアルコール類を嗜みながら、おいしいおつまみをいただきます。家具を愛でつつ、オーナーご夫妻やゲストと談笑する時間も楽しみのひとつ。素敵な空間だからこそ生まれる温かな交流に癒されます。

◁ 20:00 LOUNGE

ラウンジで晩酌

ほろ酔いでこの景色にうっとり

◁ 8:00 BREAKFAST

いつもおいしい朝ごはん

いつもの場所で、コーヒーを

◁ 9:00 WALK

周辺を朝散歩

最後は朝日を浴びながら読書

◁ 11:00 CHECK OUT

［まろ流］
ひとりホテルの
過ごし方

今回のテーマは
白馬の森で、どこまでもヒュッゲなひとり時間を。館内のみならず外のお散歩も外せません

◁ 15:00 ARRIVAL

ただいま〜。まずはお部屋でくつろぎます

◁ 16:00 ROOM

自家製ドライケーキおいしい！

少し見ても素敵な空間いい見てても素敵な空間少しだけ館内散策。

◁ 18:00 DINNER

ディナーは街のおでん屋さんへ

これが私のベストチェア

ペリカンチェアは不動のお気に入り。この
フォルムと包まれ具合、たまりません。い
つかの自邸に置くと決めています。

私の密かな楽しみ

奥様がお部屋に届けて下さるりんご。美
しい並びに思わずパシャリ。いつも温かな
おもてなし、ありがとうございます。

好きなものを好きなだけ
デンマークの朝を味わう

朝食はビュッフェ形式で、
おいしくて優しいデンマ
ークの朝ごはんを楽しめ
ます。食後のコーヒーは、
朝日が気持ちいいラウン
ジでいただくのが"いつも
の私の過ごし方"です。

MORNING

1.ライ麦パンとおかずの
相性が抜群 2.大きな窓
から朝日が差す2階のラ
ウンジ

**おひとり
ステイ**

1人1泊
3万1200円〜
（朝食・バー利用を含む）

[長野・白馬]

HOUSE OF
FINN JUHL HAKUBA

ハウス オブ フィン ユール ハクバ

建物は昭和52(1977)年に建てられたペンシ
ョン。白馬の大自然に囲まれ、ダイニングルー
ムや4カ所のラウンジ、バーなどパブリックス
ペースも充実している。

☎070-4142-9218
📍長野県北安曇郡白馬村北城3020-281
🛏5室 🕐IN15：00 OUT11：00
🚗JR白馬駅から車で10分

 こんなグッズも

チーフテンチェアがあ
しらわれたトートバッ
グ。好きなイスを持ち
運べるなんて最高！

アーチ状の窓から陽が差す
スーペリアツインルーム

DDD HOTEL

［東京・馬喰町］

暮らしのヒントになる
ミニマルで上質な空間。

ミニマルで上質な空間を追求している「DDD HOTEL」。

煉瓦造りの建物の中に入ってすぐに目を奪われるのが、モスグリーンを基調としたシンプルで美しいデザインです。寝具や部屋着など、客室に必要なものはこだわって揃えられていますが、それほかの余分なものは絶妙に削ぎ落とされています。

その世界観に身をゆだねて、幸せをかみしめるのはもちろん最高なのですが、自分の住環境を改めて見つめ直す機会にあててみるのもいいかもしれません。理想の暮らしについて考えるひとりホテルステイ、結構おすすめです。

リビングのように過ごせるラウンジ

到着！外観のレンガと
アーチ窓がかわいい

館内で
リラックス

馬喰町を街ブラ
Parlorsで
おやつタイム

今回のテーマは
お部屋だけでなく、カフェ
バーの空間を満喫するの
も楽しみ。ホテル周辺の
馬喰町や浅草橋の散策
もおすすめです。

◁16:00 TROLL

◁15:00 ARRIVAL

1.スーペリアツインルームの
デスク 2.スーペリアツイン
ルーム 3.ワンピースタイプ
の部屋着

ROOM

ミニマルな空間に
光るセンス

シンプルすぎるかと思いきや、一度足を
踏み入れたら、「なんて整った空間なの
だろう…」と感動を覚えました。部屋着
は、睡眠の質を変えるほど心地いい肌
触りでお気に入りです。

爽やかな香りに包まれて
シャワータイム

ホテルのバーで大人な夜を

ホテル近くの
お気に入りのお店、
annoでディナー

ホテルの
カフェで作業

◁ 24:00 ROOM　　◁ 23:00 BAR　　◁ 19:00 DINNER　　◁ 17:00 CAFE

ひとりでふらっと、バーで一杯

ミュージックバー＆ラウンジ「phase」は洗練された
空間ながら、心地よいカジュアルさを兼ね備えてい
るので、ひとりでふらっと立ち寄れます。

BAR

3. 朝食はラウンジで
4. やわらかな陽射しに
包まれる。窓際のカウ
ンター席がお気に入り

1. アーチ状の照明
が愛おしいBOX
席 **2**. 桃の柔らか
い甘さが香る日本
酒カクテル「ONO」

LOUNGE

ずっといられる、使い勝手のいいラウンジ

滞在中に欠かせないのが、この美しいラウンジでの
ひとり時間。おいしいドリンクと共に、PC作業もで
きるので、本当は秘密にしたいくらいです。

アウト後も
カフェでのんびり

またね！

センスのいい
モーニングビュッフェ

心地いい肌触りの
ルームウェアでぐっすり

◁ 11:00 CHECK OUT　　　◁ 8:00 BREAKFAST

独り占めした、私だけの絶景

エレベーター待ちの相棒

各フロアのエレベーター脇に置いてある、
キノコのような照明。とっても愛おしくて、
待っている間にパシャリ。

人が交差するエントランス

美術館の作品を見る感覚で、吹き抜けの
2階から見えるエントランスを、ぼーっと
眺めているのがなんだか好きです。

[東京・馬喰町]

DDD HOTEL

ディーディーディー ホテル

ミシュランレストランのnôl(ノル)、朝から使え
るカフェabno、音楽レーベルと協業のミュー
ジックバーphase、国際的なアートフェアにも
多数出展するギャラリーPARCELがあり、宿
泊ゲスト以外も利用できる。

☎03-3668-0840
📍東京都中央区日本橋馬喰町2-2-1
🛏122室 ⏰IN15:00 OUT11:00
🚃JR 馬喰町駅から徒歩1分

おひとり
ステイ

ダブルルーム

1人1泊
1万5000円〜

🛍 こんなグッズも

ルームキーも、
館内同様、洗練
されたシンプル
なデザインで惚
れ惚れ。世界観
の浸透ぶりに
アッパレ

[京都・十条] ●インテリア
THE REIGN HOTEL KYOTO
ザ レインホテル キョウト

館内を彩る北欧デザインを中心としたインテリアや、デンマークの伝統料理を取り入れた朝食など、随所で北欧の空気を感じられます。京都駅からほど近いにもかかわらず、ローカルな空気が流れていて、暮らすように滞在ができるのも魅力。

☎075-606-1971
📍京都府京都市南区東九条柳下町67-1 🛏51室
💴1人泊5400円〜
🕐IN15:00 OUT11:00
🚉烏丸線十条駅から徒歩6分

1.十条の街並みも望めるデラックスキングの客室。 2.朝食はビュッフェ形式。取り皿や容器も美しい

おひとりさまポイント
- ☑ 北欧の家具を愛でる
- ☑ 静かに落ち着いて滞在できる
- ☑ 素敵な朝食を味わえる

[長野・軽井沢] ●インテリア
haluta hotelli still
ハルタホテリ シュティル

北欧ヴィンテージ家具の販売や住宅設計を行うhalutaが手掛けていて、軽井沢の自然と家具の温もりにあふれた空間が広っています。穏やかな時間が流れる朝が心地よくて、毎朝こうだったらなあ…と思います。

☎0267-41-0206
📍長野県北佐久郡軽井沢町追分1372-6 🛏3室
💴おひとりさまプラン1泊1室3万円〜
🕐IN15:00 OUT11:00
🚉しなの鉄道信濃追分駅から車で5分

1.リビングからも窓一面に広がる森の景色を楽しめる 2.オーナーのマリアさんとhaluta bageriチームによるデンマークの朝食もおいしい

おひとりさまポイント
- ☑ 心地いい空間でくつろげる
- ☑ 家具と自然に癒される
- ☑ 穏やかな朝が迎えられる

[京都・西洞院] ●空間美
hotel tou nishinotoin kyoto
ホテル トウ ニシノトウイン キョウト

ホテルのコンセプトは"京都の奥"。刻一刻と表情を変える、光と陰影が織りなす景色を静かに、ひとりでじっくり味わえます。特に、西日が差し込む夕方の時間帯は、ため息が出るほどの美しさでした。

☎075-744-0144
📍京都府京都市下京区西洞院通花屋町下る西洞院町455 🛏121室
💴1人泊1万2000円〜（朝食付）
🕐IN15:00 OUT11:00
🚉烏丸線五条駅から徒歩8分

1.西日が差し込むロビー。陰影が美しい 2.坪庭の風情を感じられる大浴場があるのもうれしい

おひとりさまポイント
- ☑ 静かな京都を味わえる
- ☑ 瞬間の美しさを感じられる
- ☑ 大浴場にも癒される

1.宿泊した「COLLECTION SUPERIOR DOUBLE」2.アンティーク家具は購入も可能

[大阪・心斎橋] ●インテリア

ホテルモーニングボックス大阪心斎橋

ホテルモーニングボックスおおさかしんさいばし

いわゆる大阪らしいエリアにありながら、自宅のようにくつろげる空間が広がります。私が宿泊した"コレクションルーム"には、温かな空気感をまとったアンティーク家具が置かれていて、ホッと一息つくことができました。

☎06-6243-0777
📍大阪府大阪市中央区東心斎橋1-10-3 🛏59室 🏠1人1泊4500円〜
🕐IN15:00 OUT11:00
🚃堺筋線・長堀鶴見緑地線長堀橋駅から徒歩1分、御堂筋線心斎橋駅から徒歩5分

おひとりさまポイント

☑ コンパクトなサイズ感の客室
☑ 自宅のように落ち着ける
☑ 家具の温もりを感じられる

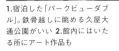

1.宿泊した「パークビューダブル」。鉄骨越しに眺める久屋大通公園がいい 2.館内にはいたる所にアート作品も

[愛知・名古屋] ●空間美

THE TOWER HOTEL NAGOYA

ザ タワーホテル ナゴヤ

テレビ塔の中に泊まれる"世界初"の全15室のスモールラグジュアリーホテル。フロアを突き抜ける鉄骨や、独特な窓枠を見るたび、テレビ塔に泊まっていると実感できて、ワクワクしました。宿泊者だけが見られる展望台からの夜景も必見です。

☎052-953-4450
📍愛知県名古屋市中区錦3-6-15先 🛏15室
🏠1人1泊3万5000円〜(朝食付)
🕐IN15:00 OUT12:00 🚃桜通線・名城線久屋大通駅から徒歩3分

おひとりさまポイント

☑ テレビ塔に泊まるワクワク感
☑ "絶景"を独り占めできる
☑ 静かで落ち着いている

1.朝日に包まれる客室「SSH No.1 Classic」2.共用部が広いのも特徴。写真はグランドルーム

[長野・軽井沢] ●空間美

ししいわハウス

軽井沢の自然と一体となっているリトリート施設。建築家の坂茂氏が手掛けた「SSH No.01」は、元々あった木に沿って建てられていて、その建物のうねりが生き物のようで、愛おしくてたまりません。

☎0267-31-6658
📍長野県北佐久郡軽井沢町長倉2147-768 🛏33室
🏠1泊1室6万9828円〜(朝食付)
🕐IN15:00 OUT11:00
🚃JR軽井沢駅から車で10分

おひとりさまポイント

☑ 軽井沢の自然に癒される
☑ 建築美を堪能できる
☑ 温もりある空間でくつろげる

フォロワーさんから募集した、ひとりホテルのお悩みに私が答えます！　解決するかは分かりませんが、何かの参考になれば幸いです。

お悩み この気持ち、誰かと共有したい！

> 予想以上に
> そのホテルがよかった時。
> 誰かに共有したくなる。
> 悩み？
> （あんず）

ほか

LOGで夢
うつつな私

　素敵な悩みですね！　まず、私がよくやるのは、**スタッフさんに感動を伝えること**。例えば食事中、食べたお皿が下げられるタイミングで「これすごくおいしかったです」と言うなど。そこから「そうなんですよね、これ実は○○って言う食材が使われていて〜」みたいに会話が膨らんでいくことも結構あるので、楽しいんですよね。後はよく、**友人にLINE**します。大体みんな笑わせてくるので、周りにいる人には不審がられているかもしれませんが…(笑)。今の時代だからこその方法ですね。くだらない話を聞いてくれる友人たち。この場を借りて、ありがとう！

お悩み なんか、怖い

> ひとりの時、
> 怖くなります。
> 怖さ軽減のためにできることを
> 教えて欲しいです！
> （ごっち）

ほか

　対策としては、音楽をかけるとか、完全に暗くせずに明かりをつけておくとか、テレビをつけるとか？　自分で**賑やかな環境を作る**という感じですかね。あとは誰かと下見に行く！　実は私、夜の和室が気味悪いなあと思う時があって。でもひとりでレトロな旅館に行ってみたいと思っていたので、まずは友人を誘って泊まってみることに。そしたら、ひとりでも大丈夫そうだなと思えたので、えいっと泊まったら結果全く問題なしでした！　いきなりひとりが怖いって時は、まずは**誰かとやってみるのがおすすめ**です。ありがとう、友よ。

OHITORI HOTEL

\ わたしの気分別 /

Chapter.

2

頑張った自分にご褒美を…

リラックスしたいホテル

里山十帖 >P.52

仕事で、家事育児で、どうしようもなく疲れたら、ホテルに癒してもらいましょう。大自然の絶景、温泉、シティなラグジュアリー空間に…自分にとっての癒しを求めて。過ごし方も自由です。あえて何もしない贅沢を味わったり、自分と向き合ってみたり…。ひとりだからこそできるリフレッシュを、ぜひ。

温泉

板室温泉 大黒屋

[栃木・那須塩原]

「ひとりでじっくり、
アートと温泉に浸る。」

滞在中、心が震えるほど感動すると、はやる気持ちを抑えられず次の予約をとってしまうことがあります。

栃木県那須塩原市にある、1551年創業の老舗旅館「板室温泉 大黒屋」は、まさにそうでした。まずすごいのは、1980年代後半から「保養とアートの宿」をコンセプトにしていること。今でこそ、〝アートホテル〟は定着していますが、当時からコンセプトにしていたとは驚きですよね。しかも、〝もの派〟を代表する菅木志雄（すがきしお）氏の作品を常設展示している

〈菅木志雄 倉庫美術館〉があったり、月ごとにテーマを変えて企画展示を行っていたり、美術館さながらにアートと向き合っているんです。

もちろん温泉旅館としても素晴らしく、大自然に囲まれながら源泉掛け流しの温泉を楽しめて、体に優しいお料理をお部屋でいただくことができる。さらにうれしいのが、なんとシングルルームがあること！景色を堪能できるカウチチェアをはじめ、美しい設えは全てひとり仕様。夢にまで見た理想のひとりステイが叶います。

ひとり仕様の美しい設えが心地いい「シングルルーム」

[まろ流] ひとりホテルの 過ごし方

今回のテーマは
ひとりだからこそ、自分の
ペースで"アート散歩"し
て、温泉にじっくり浸かっ
て。究極の癒し旅を満喫
します。

14:00 CHECK IN

ROOM

どこまでも"ひとり向き"な 空間でくつろぐ

カウチソファもデスクもチェアも、
全てひとり仕様。適度にゆとりの
ある空間と美しい設えに心安らぐ、
理想のシングルルームとなっていま
す。好きな花器を借りてお部屋に
置けたり、図書室で滞在中の"相
棒"にしたい一冊を見つけられた
り、ひとりステイを彩るサービスも
満載です。

1.ふと目にする景色に感動
するシングルルーム。照明
も素敵 2.どれにしようか
迷うほど、バラエティ豊か
な花器のラインナップ 3.私
の滞在中の"相棒"となっ
た柚木沙弥郎氏の本

黄土浴で
リラックス

お部屋で
ゆったりディナー

館内の展示を
マイペースに鑑賞

湯上がりに
おしるこ。最高！

21:30 SPA　　　19:00 DINNER　　　16:00 SPA

SPA

1.檜の香りを感じられるひ
のきの湯 2.その隣にある
のが、浴衣で黄土浴ができ
る部屋「アタラクシア」3.那
珂川のせせらぎや山々の景
色に癒される露天風呂

温泉と黄土浴でじんわり癒される

源泉掛け流しの温泉は40℃前後とぬるめなので、自然に囲まれ
ながら、自分のペースで何度もじっくり浸かれます。人けの少ない
深夜には、"星見風呂"ができておすすめ。浴衣でゴロンと寝転が
って、じんわり温まる黄土浴も心地いいです。

ちゃっかり次回の
予約をして帰宅

美術館ツアーに参加！

朝風呂
気持ちい〜！

お部屋で朝ごはん

ART

『おひとりさまホテル』の
名シーンはココ！

©まろ マキヒロチ／新潮社

森島さんも、"アートの旅"に誘われていました。じっくり作品と向き合いたい空間です。

1.およそ250点の
菅木志雄氏の作品
が展示されている
倉庫美術館 2.毎月
テーマが変わる展
示。写真は2023
年11月のもの 3.ビ
ビッときたタナカヤス
オさんの作品

館内全体が"美術館"
アートとじっくり向き合う

菅木志雄 倉庫美術館のツアー
では、作品の裏にある彼の"哲
学"について、解説を聞きなが
ら、考えめぐらすことができま
す。毎月の展示を始め、ほかにも
作品が点在していて、散策する
とビビッとくる作品との出合いが
あって楽しいです。

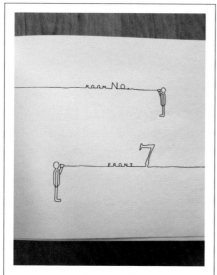

素敵な案内

館内案内まで、お宿の世界観がしっかり
浸透していて感動。ページをめくりなが
ら、ああ来て良かったなと思うのでした。

朝起きたら一面の銀世界

冬の朝、目を覚ましたら…！ あまりの興奮
に、童心に返ってはしゃいでしまいました。
ここで雪景色を拝めて本当によかったです。

おひとり
プラン

松の館
シングルルーム

1人1泊
2万6550円～

買ったもの

展示でひと目惚れした、
志村睦彦さんの青磁の
器。この器が似合うお家
に住めますように

[栃木・那須塩原]

板室温泉 大黒屋

いたむろおんせん だいこくや

板室温泉は刺激の少ないアルカリ性単純温
泉。露天風呂とガラス張りの内湯がある。食事
は朝・夕ともに部屋食。献立は毎日変わる。器
は一部、館内のショップでも購入できる。

☎0287-69-0226
📍栃木県那須塩原市板室856
🛏31室 🕐IN14:00 OUT10:30
🚃JR那須塩原駅から送迎タクシーで30分

楽しいアートトリップ

近隣には奈良美智さんのアトリエのよう
なアートスペース「N's YARD」が。アウト
後もアートに浸れて幸せでした。

「雪景色を独り占めする」という最高の贅沢を教えてくれたのが、新潟県・南魚沼市の人里離れた里山に、ひっそりと佇む「里山十帖」でした。

しんとした空気に包まれて、雪景色をあらゆる場所で愛でられるのですが、一番の絶景スポットは、やはり大浴場の露天風呂。標高2000m前後の上信越国境の山々を見渡すことができ、息をのむ光景が広がります。夕日に染まり、冠雪した山々はもう本当に美しくて…。辺りに何もないので本当に静かで、お湯に浸かりながら、ひとりでじっくり景色に浸ることができました。大切な人と一緒に見るのもいいけれど、独り占めするのもまたいいんですよね。

四季を通じて楽しめるお宿だと思いますが、私は、やっぱりまた冬をめがけて来てしまいそうです。

里山十帖

[新潟・南魚沼]

美しい雪景色を "独り占め"する温泉旅。

大浴場「湯処 天の川」の露天風呂。
大自然に囲まれ美しい山々が見渡せる

今回のテーマは
美しい雪景色を、部屋か
らもお風呂からも。何度
も何度も、心ゆくまで堪
能します。おいしいお食
事もじっくり味わって。

最寄りの駅から絶景！

総檜造りの趣ある空間で
チェックイン

お部屋で
銀世界に浸る

□ 15:00 CHECK IN

ROOM

1

景色が、一番のごちそう
お部屋からも味わえます

お部屋からは、これまた圧巻のマウント
ビューが！ テラスで絶景を目の前に、
冬のしんとした冷たい空気に包まれて、
ゆったりコーヒーを飲む時間は至福。雪
が降り注ぐ中で浸かる露天風呂も最高
でした。

1.露天風呂付Viewコーナースイートから
の景色。奮発する価値あり 2.作業しやすい
デスク。こだわりのインテリアが光る 3.石
の露天風呂

3

2

ショップへGO

お風呂2回戦で、夕景を独り占め

露天風呂に感動

絶景の

一度お部屋で休憩

◁16:30 SPA

◁15:30 SPA

ロマンティックな夕暮れの温泉

この温泉には何度も入りましたが、日の入り前の夕焼けに染まる日本百名山・巻磯山をはじめとする山々は、格別に美しくて。なんとラッキーなことに誰もおらず、独り占めできてしまいました。

一面の銀世界を見渡せる湯処「天の川」の露天風呂

SPA

DINNER

雪国の自然の恵みをじっくり味わう

里山十帖は、今まで数々泊まった中でも食事を推せる宿のひとつ。「雪国ならではの発酵・保存食文化」を現代の味覚にというテーマで、南魚沼の豊かな自然の恵みをいただくことができます。

1.ディナーは9品のコース。写真はレンコン 2.〆で出てくる土鍋で炊いたご飯

お部屋で
銀世界を堪能

お味噌汁がおいしい
朝ごはん

お夜食の
おにぎり

五感で味わう
ディナー

⏱ 8:00 BREAKFAST　　⏱ 19:30 DINNER

独り占めした、私だけの絶景

これぞ私だけの絶景

朝、かなり雪が降って景色が霞んで見え
たのですが、これが本当に美しくて。水墨
画のようで、見とれてしまいました。

食卓の雪だるま

雪だるまの"手"に注目。そう、これ楊枝入
れなんです！ あまりのかわいさにショッ
プで購入してお持ち帰りしました。

[新潟・南魚沼]

里山十帖
さとやまじゅうじょう

新潟県南魚沼市に本拠地を置くメディア・クリ
エイション・カンパニー「自遊人」が手掛ける。
築150年の古民家を利用したレセプション棟
など、建物にも注目。

☎0570-001-810
📍新潟県南魚沼市大沢1209-6
🛏13室 🕐IN15:00 OUT11:00
🚗JR大沢駅から送迎車で5分

おひとり
プラン

ひとり割プラン

1人1泊
4万1635円〜

🛍 こんなグッズも

土鍋ご飯を自宅
でも再現したく
て購入。いいと
思ったら、ショッ
プですぐ買える
のが最高

「SAKURA01」蔵王石露天風呂付 ツインの部屋には、岩の露天風呂が

山形座 瀧波

[山形・南陽]

自分へのご褒美にしたい "山形愛"にあふれた温泉宿。

いわゆる価格帯の良いお宿に一人で泊まるなんて考えられなかった頃。「HOUSE OF FINN JUHL HAKUBA」のオーナーに熱弁され、私が勇気を振り絞って、自分へのご褒美に泊まったのが「山形座 瀧波」でした。

"山形のショールーム"になろうと、2017年にリニューアル。全19室に、一滴の加水もしない、こだわりの源泉掛け流しの露天風呂が備えられました。私のお気に入りは、美しい蔵王石の岩風呂のお部屋。早朝、朝日が差し込む中で、温泉に浸かってお庭の景色を堪能する時間といったら、情熱的な社長も大好きで、これからもファンとして応援し続けたいお宿です。

(おきたま)盆地で育った食材を使ったおいしいお料理やお酒をいただけるのも魅力のひとつ。白米にはあまりに感動して、思わず涙が……。

"自分へのご褒美宿"のデビューが、ここでよかった──。

1日の寒暖差が大きい地元・置賜

ROOM

移築した伝統的家屋の趣を味わう

母屋は、350年前の上杉藩の大庄屋を移築したもの。釘は一切使わず、太い梁と柱が組み合わされていて、その迫力に圧倒されます。室内には名作チェアも多数置かれ、建物の趣を味わいながらくつろげます。

1.茅葺屋根の門をくぐると母屋が。お庭には"飲む温泉"や、山形らしい季節の装飾も 2.お気に入りは、ゆらゆら揺れるアンティークロッキングチェア

PUBLIC SPACE

3.朝日が差し込むお部屋「SAKURA01」 4.湯上がりには山形県産の果物で作ったジュースを 5.蔵王石の浴槽

美しい庭園も望める客室で
のんびりひとり温泉

お部屋の温泉は、思い立ったらすぐに、そして何度も入れるのが最高。ひとりだと、脱ぎやすいバスローブでだらっと過ごせるのもいいですね。外のベンチから、湯上がりにお庭を眺めるのも好きです。

△15:00 ROOM/SPA

早速お風呂に浸かります。極楽〜

お部屋でお庭を堪能しつつ

△14:30 ARRIVAL

到着！移築した庄屋屋敷の門構えに圧倒

[まろ流]
ひとりホテルの
過ごし方

今回のテーマは何度も何度も温泉に入り、食べて飲んで眠る。そしてチェックアウトするときにはもう、またここに来たいと思うのです。

1.夜にいただくのは、黒澤ファームの「夢ごこち」。まさに夢のよう 2.きめが細かい米沢牛は感動的なおいしさ 3.カウンターを囲むオープンキッチン。スタッフさんとの会話も楽しい

GOURMET

泣けるお米。山形の恵みに大感動

「お食事がおいしいお宿は？」と聞かれると、いつも真っ先にこちらの名前を挙げます。昼夜の寒暖差が大きい置賜盆地だからこそのお野菜や米沢牛、そしてお酒と、どれも天下一品。土鍋で炊いた、甘さが際立つほかほかのご飯は、食べていたら自然と涙が…。ひとりだとじっくり味わえるので、ことさらに沁みます。

◁ 8:00 BREAKFAST　　　　◁ 18:30 DINNER　　　　◁ 16:30 SHOW

"米コッコ卵"を

朝ごはんは美しい

いつも以上にお酒が進みます

お夜食のおにぎりもぺろり

お料理がおいしくて泣けます

社長の見事な蕎麦打ちショーにあっぱれ

お部屋に備え付けのジュースをぷはは〜

湯上がりに、

山形 代表
YAMAGATA MADE

毎回楽しみな朝ツアー

元気すぎる社長のお兄さんがアテンドして
くれる、大人気の朝ツアー。全力で撮影し
てくれるので、私も全力で！(笑)

何事も全力！な社長

ディナー用の蕎麦打ちを披露してくれる
のは、社長。いつも何事も全力で、豪快な
社長を見て元気をいただいています。

おひとり
ステイ

1人1泊
5万5000円〜
（2食付）

おみやげとして、
夕朝食でいただ
いたお米一袋ど
ちらかをいただ
けるのですが、
私はいつも夕食
時の黒澤ファー
ムの「夢ごこち」
を迷わず選択。
あの感動を自宅
でも味わえるな
んて！

[山形・南陽]

山形座 瀧波

やまがたざ たきなみ

400年の歴史を持つ茅葺屋根の薬医門は、宿
のシンボル。伝統家屋の毘龍軒（びりゅうけん）
や、小学校の木造校舎など歴史的な建造物に
宿泊できるのが魅力。

☎0238-43-6111
📍山形県南陽市赤湯3005
🛏19室 🕐IN15：00 OUT11：00
🚃JR赤湯駅から送迎車で5分

8:00 TOUR

最後にひとっ風呂

楽しい朝ツアー！

和歌山・南紀白浜の高台に佇む温泉宿「くろしお想」。社長さんが、和歌山の素朴な美しさに惚れ込んで、元々旅館だった建物をリニューアルしていて、その想いが隅々まで行き渡っています。

館内から眺められる白浜の美しい街並みにリンクするかのように、ルームキーやアメニティの袋、トイレなどの館内のマークに至るまで、細部にも世界観が浸透していて、どこもかしこも"絶景"でうっとり。

肌触りがやわらかな源泉掛け流しの温泉、和歌山の恵みが詰まったお料理も心酔して……。ひとりだからこそ五感を研ぎ澄ませて滞在したいお宿です。

お庭から覗く玄関ののれん。お宿のロゴも美しい

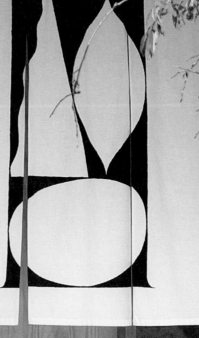

温泉

くろしお想

[和歌山・白浜]

「"素朴な美しさ"に癒される高台に佇む温泉宿」

ROOM

和歌山の美意識に
ひとりでじっくり触れる

部屋名は、心で美しさの本質を感じることを説く『徒然草』の一節から名付けられていて、私が滞在したのは「葉の上に燦めき」。日に染まってゆらめく樹々と、白浜の街並みにただ見とれた、あの豊かな時間は忘れられません。

トイレのピクトグラム。館内にはほかにもサインが隠れている

1.絵画のように景色が切り取られた、2階のコーナージュニアスイートルームタイプ「葉の上に燦めき」 2.部屋から見えた白浜の夕景 3.ライブラリーで借りた本を相棒に 4.アメニティの袋

1. 土鍋で炊かれた
ホクホクの白米
2. 木漏れ日が降り
注ぐ〈Dining 縁月〉
のカウンター席

DINING

木漏れ日が降り注ぐなかで
和歌山の恵みをいただく

お食事は、和歌山の地産地消にこだわった和食。ミシュラン1つ星を獲得した東京・南青山の〈てのしま〉の林亮平シェフが監修しています。朝、木漏れ日が降り注ぐダイニングが本当に美しくて、心身ともに満たされました。

▽21:00 SPA
満腹後の
お風呂は最高

▽23:00 NIGHT
湯上がりのアイス
もいただきます

お夜食で
ひとり2次会

▽6:00 MORNING
早起きして
朝焼けを堪能

▽7:30 SPA
優雅に朝風呂

▽8:00 BREAKFAST
朝日を浴び
ながら朝食を

[まろ流]
ひとりホテルの
過ごし方

今回のテーマは
この土地の"ありのままの美しさ"に包まれて、癒されて。とにかくゆったりくつろぎます。

▽15:00 CHECK IN
ロゴののれんが
もう素敵

ウェルカム
スイーツ、
おいしい〜

▽15:30 ROOM
お部屋「葉の上に
燦めき」へ

読書しつつ美しい
景色に癒されます

▽19:00 DINNER
和歌山の恵みを
いただくディナー

お風呂ののれんまで抜かりない

お宿が大切にしている美意識が隅々まで浸透していて、お風呂ののれんのデザインもこの通り。いちいち見とれてしまいました。

一瞬の美しさを見逃さない

自然光に透けるカーテンにうっとり。この瞬間の美しさを捉えられるのは、ひとりステイの醍醐味ですね。

3.人目を気にせず入れる、貸切の檜風呂 4.大浴場にある信楽焼の半露天風呂

おひとり
ステイ

半露天風呂付き
コーナージュニア
スイートルーム
1人1泊
5万9400円〜(2食付)

[和歌山・白浜]

くろしお想

くろしおそう

和歌山の伝統工芸と地産地消にこだわった宿。館内や客室は和歌山県内の地場産業の工芸品やインテリア、紀州材を随所に取り入れた和モダンな空間になっている。

☎0739-42-3555
📍和歌山県西牟婁郡白浜町1155
🛏11室 ⏰IN15:00 OUT11:00
🚗JR白浜駅から車で10分

🛍 こんなグッズも

靴下と巾着は持ち帰り可能!今も愛用しています

SPA

"日本三古泉"の温泉を味わう

道後・有馬と並ぶ日本三古泉の白浜温泉。とろりとしていて、肌触りがやわらかで、香りも含めてしっかり温泉を感じることができました。

界 雲仙

[長崎・雲仙]

地獄パワーを浴びて "ひとり温泉"ざんまい

1

2

1.客室付き露天風呂の
風景 2.ステンドグラス
の美しい内湯

長崎・雲仙にある温泉旅館「界 雲仙」。雲仙地獄と地続きの宿で、パワーみなぎる地獄を独り占めできます。なかでもひとり温泉向き！と感動したのが "客室付き露天風呂"。露天風呂付き客室はよく聞きますが、こちらはあくまで露天風呂が主役。湯上がり処を含めて面積がかなり広く、地獄を目の前にお茶をいただきながら足湯をするなど、"わたし流"の楽しみ方で温泉を満喫できました。さらに、長崎を象徴するステンドグラスの美しい内湯や、雲仙の大自然と一体となっている露天風呂もあるので、マイペースに "湯巡り"も。温泉ざんまいなひとり旅で、疲れが吹き飛びました。

HOTSPRING

大自然のなかで、マイペースに湯めぐりを

お部屋の湯上がり処で寝転がったり、足湯しながら
トラベルライブラリーで借りた本を読んだり、楽し
み方は自由自在。山々に囲まれた大浴場の露天風
呂は、早朝が特に気持ちいいです。

1.「客室付き露天風呂」で、借りた本を読みな
がら足湯 2.客室の湯上がり処と温泉 3.雲仙
の大自然と一体となった露天風呂

GOURMET & ACTIVITY

しゃぶしゃぶを独り占め!
充実のアクティビティも

夜は半個室で、旨味が際立つ「あご出汁しゃ
ぶしゃぶ会席」を。締めのうどんまで、人目を気に
せず堪能できるなんて最高です。自ら文字を選
んで刷ることができる活版印刷体験もあり、滞
在中時間を持て余しません!

4.あご(トビウオ)の出汁で伊勢海老などをいただく
「あご出汁しゃぶしゃぶ会席」は通年楽しめる 5.活版
印刷はじまりの地・長崎ならではの体験

[長崎・雲仙]

界 雲仙
かい うんぜん

標高700mの場所に位置する雲仙温泉郷にあ
る。館内には長崎由来の文化をデザインした異
国情緒漂う空間。温泉の泉質は、雲仙温泉郷
唯一の「酸性含鉄単純温泉」。効能高い温泉を
客室の露天風呂や大浴場で楽しめる。
☎050-3134-8092(界予約センター)
📍長崎県雲仙市小浜町雲仙321
🛏51室 🕐IN15:00 OUT12:00
🚌諫早駅からバスで1時間30分

おひとり
ステイ

1人1泊
2万9000円〜
(2食付)

雲仙地獄が目の前なので、お宿から気
軽に散歩ができる。猫たちも"住んで"
おり、気持ちよさそうに佇む様子も

僕たちを探してね

世界の一流ホテルに並ぶ格式と快適さを備える、日本ならではのホテルをつくりたい——。そんな強い思いを原点として1962年に創業したの

オークラ東京

[東京・虎ノ門]

> 日本の伝統美と
> おもてなしに癒されて。

プレステージルーム
（ビューバス）キングで
"絶景"とともにくつろぐ

が「ホテルオークラ東京（旧
名）」です。日本人が大切にし
てきた美意識が隅々まで浸透
している"オークラらしい"あ
のロビーには、滞在中何度も
立ち寄りたくなります。

そんなどこまでも美しい和
空間で、癒しを提供してくれ
るのがオークラの魅力。眺望
の素晴らしいビューバスタイプ
のお部屋では、お風呂から絶
景を心ゆくまで堪能できます
し、ルームサービスを頼めば、
"特等席"でお食事をいただ
くことも。バーに行ってお酒も
いただいて…と、日ごろ頑張っ
ている自分を労う場所として
最適です。そして何より、こ
んなにも優雅な滞在が叶うの
は、世界に誇れる"オークラ
流"のホスピタリティがあって
こそ。スタッフの方々の所作の
美しさ、心温まるおもてなし
の数々に、また癒されに行き
たいです。

LOBBY

美しいロビーにじっくり浸って

梅の花を思わせるテーブルとイス、切子玉型の照明「オークラ・ランターン」、麻の葉紋の美術組子…。日本の伝統美がちりばめられた、オークラを象徴する空間です。最初、このロビーを見るために訪れた際、あまりにも魅せられて、短時間では飽き足らず宿泊するに至りました。おすすめの時間は、木漏れ日が差し込む15時前後と、人けが少ない深夜。滞在中、何度も"独り占め"するのが好きです。

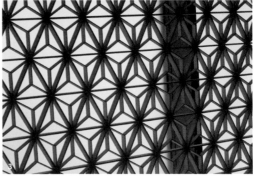

1.チェックイン時に見とれた、木漏れ日が美しいロビー 2.切子玉型の照明「オークラ・ランターン」3.職人技が光る麻の葉紋の美術組子。細部までじっくり愛でたい

ビューバスで
夕焼けを
独り占め

美しい空間で
絶景を堪能

圧巻の
ロビーに
感動

⊡ 18:00 BATH　　⊡ 15:00 CHECK IN

［まろ流］
ひとりホテルの
過ごし方

今回のテーマは
たまには、頑張っている
自分にご褒美を。オーク
ラ流のおもてなしに、と
ことん癒されます。

ROOM

4.THREEのアメニティもうれしい
5.石張りのデザインが美しい、プレ
ステージルーム（ビューバス）キン
グのお風呂

5

『おひとりさまホテル』の
名シーンはココ！

©まろ マキヒロチ・新潮社

悩みながらも自分を鼓舞していたふーちゃん。
思いにふける朝風呂もまたいいですね。

憧れのビューバスで絶景を"独り占め"

お風呂に浸かりながら絶景を眺めるなんて、夢のような時
間…。ここは私だけのもの〜！と叫びたくなります（笑）。夜
はもちろん、静かな都会の朝を味わうのもいいです。

深夜の館内散歩

ルームサービスを特等席で

バーで大人な夜

ふわふわのパジャマでおやすみ

◇ 21:30 BAR

◇ 19:30 DINNER

BREAKFAST

1.あの"世界一のフレンチトースト"を朝食で 2.毎回添えられる小さなバラが、なんともオークラらしい 3.朝食時にミニバーのマンゴージュースを飲むのがお決まり

どこから眺めてもビューティフル！

だらしない格好で
ルームサービスもいい

いつも楽しみにしているのがルームサービス。誰にも見られないのをいいことに、ちょっとだらしない格好で、絶景が独り占めできる"特等席"に座って、お食事をいただく時間はなんとも優雅でたまりません。添えられたバラにも、いつもときめいています。

お部屋でダラダラ。
2度寝も忘れずに

朝風呂、最高。

だらしない格好で
モーニング

大倉集古館に
立ち寄り

◁ 12:00 CHECK OUT

◁ 8:00 BREAKFAST

独り占めした、私だけの絶景

ルームサービスのワゴンにきゅん

食事を終えてルームサービスのワゴンを
外に出したら、なんだかこの姿が愛おしく
って。思わずパシャリ。

隠れた"日本の美"を見つけて

ミニバーの裏が、なんと和紙張りに。薄暗
くなった夜の部屋に、この光が灯った様
子が映えてうっとりしました。

[東京・虎ノ門]

オークラ東京

オークラトーキョー

2019年ホテルオークラ東京からThe Okura
Tokyoに生まれ変わった。17階建てのオークラ
ヘリテージウイングと、41階建てのオークラ
プレステージタワーの2棟からなる。

☎ 03-3582-0111
📍 東京都港区虎ノ門2-10-4
🛏 508室 ⏰ IN15:00 OUT12:00
🚇 地下鉄虎ノ門ヒルズ駅から徒歩5分

おひとり
ステイ

1人1泊
8万7791円〜
（朝食付）

私の
お気に
入り

60年以上愛されるレモンパ
イ。チェックアウトして食べ
て帰るまでが"遠足"です
（笑）。

現在4巻が好評発売中の『おひとりさまホテル』。作者のマキヒロチ先生と、原案者である私、まろとの対談が実現しました！

マンガ『おひとりさまホテル』作者
マキヒロチ

×

まろ
おひとりプロデューサー

史香の後輩として登場する中嶋若葉は、原案者のまろがモデルになっている

自身もホテル好きで、さまざまなホテルに滞在。ホテルで作品作りを行うことも

Profile
マキヒロチ

マンガ家。第46回小学館新人コミック大賞で入選。ビッグコミックスピリッツでデビュー。代表作は『いつかティファニーで朝食を』『吉祥寺だけが住みたい街ですか?』など。

『おひとりさまホテル』第4巻は2024年6月に発売！

新潮社刊

まろ　原案者ということで、マキ先生とどういうふうにマンガを作っているのか、読者の方によく聞かれます。

マキヒロチ（以下、マキ）　ホテルを盛り上げるマンガが何かできないかなと考えていたときに、まろちゃんのインスタを見つけたことがきっかけ。素敵だなと思って、一緒にやりませんかと連絡したんだよね。

まろ　マキ先生からインスタでDMが届いたときは、本当にびっくりして（笑）。その頃ちょうど、マキ先生の作品を読んでいたので、すごくご縁を感じました。こんなことがあるのか！とうれしかったですね。

マキ　『おひとりさまホテル』は趣味嗜好がバラバラな登場人物たちが、ラグジュアリーやアート、クラシックなど自分好みのホテルを訪れる話。**登場するホテルは、キャラクターが好きそうなところを私が**選んでいます。まろちゃんは情報収集能力に長けていて新しいホテルもよく知っているので、いつもホテル選びの参考にさせてもらっています。

まろ　私はオタクなだけですけどね（笑）。マキ先生はホテルの過ごし方が面白いです。ツインベッドのときは、お風呂入る前と後で使うベッドを使い分けているんですよね。

マキ　まず部屋に入ったときに、どっちのベッドで寝るかを決めて、そうじゃない方は、外気を吸った服でゴロゴロする用にしています（笑）。

まろ　すごく独特ですよね！でもツインにひとりだと寂しいという人もいるから、いい活用法だなと思いました。ほかには何かありますか？

マキ　昔、部屋に飾ってある絵画の額の裏とかにお札が貼っていないかチェックしていました。

まろ　!?

マキ　見つけちゃったことはないんですけど、見つけたっていつも思っています。ゾクゾクするじゃないですか。前にど

お互いにホテルの情報を交換しあう仲

いつもと違う環境で
日常と同じことをする贅沢さを感じたくて
ひとりでホテルに泊まります

マキ先生のひとりホテルの
過ごし方は面白い（笑）
自分にはない視点なので
いつも発見があります！

ふたりにとって思い入れのあるオークラ東京。ホテルの顔であるロビーで

マキ　やっていることは家と同じなんだけど、非日常空間だと全然気分が違うよね。

まろ　"非日常"と言えば、海外はどうですか？私は海外でひとりホテル、したいです！

マキ　私も！

まろ　もしかして『おひとりさまホテル』でも…登場したり？

マキ　それはどうかな。ちょっと言えない（笑）。

まろ　うわ、今後に期待ですね！

んな人が泊まっていたのか、どういうふうに過ごしたのかとか、想像するのが楽しい。

まろ　独特すぎます！日頃ストーリーを作っているマンガ家さんならではの視点ですね。

マキ　まろちゃんがホテルに求めるものって何？

まろ　私は"景色を見るためのチェア"があるところが好きですね。マキ先生におすすめしてもらった「赤倉観光ホテル（→P.110）」は、窓の外に広がるゲレンデを眺めるのに絶好のポジションにシングルチェアがあって、感動しました！

マキ　これはふたりに共通していることなんだけど、大きいデスクがあるのはポイント高いよね。「Ace Hotel Kyoto（→P.26）」のデスクは大きくて、仕事する用に作られている感じがいい。あの空間で仕事すると、気分爆上がりだよね（笑）。

まろ　確かに！スタンダードな部屋にもちゃんとあるのがすごいです。

マキ先生の推し！

オークラ東京
オークラトーキョー　>P.66

マキ先生がプライベートでもリピートしているオークラ東京。おすすめのポイントは、「なんと言ってもシティビュー。東京の街を見下ろしながらお風呂に入るという体験はホテルならではです」。『おひとりさまホテル』第1巻でも紹介されています。

InterContinental Yokohama Pier 8

[神奈川・横浜]

> みなとみらいの絶景を、
> 朝から晩まで独り占め。

西日に照らされるお部屋
「クラシック みなとみら
いビュー」

横浜・みなとみらいの新港ふ頭に位置する「InterContinental Yokohama Pier 8」。三方を水に囲まれた国内でも希少な海上立地のリゾートホテルです。

ここでは、とにかく、みなとみらいの絶景を朝から晩まで独り占めするに限ります。

その理想のステイをこれでもか！と叶えてくれるのが「クラシック みなとみらいビュー」のお部屋。窓も開くので、景色だけではなく、海風や波音も感じながら、お部屋のテーマでもある"船旅"気分で、優雅なひとときを過ごせます。洗練されたリゾートホテル好きの人は、特にたまらないはず。自分へのご褒美に癒されに行ってください。

ROOM

"船旅"がテーマの
お部屋でリラックス

お部屋のテーマは"船旅"。海の色とリンクするようなカーペット、丸みを帯びた照明、潜水艦の窓にも見える洗面台のミラーと、"船旅気分"を盛り上げてくれます。なかでもお気に入りなのが、トランクケースデザインのキャビネット！これはかわいすぎて反則。できるなら持って帰りたい…。

1.「クラシック みなとみらいビュー」のベッド。ベッドボードもトランクケース風のデザイン。2.こんなトランクケースがほしい、なキャビネット 3.写真を撮りたくなる洗面台のミラー

◁16:30 READING

海風を感じながら読書

船旅気分でくつろぎます

◁15:00 CHECK IN

螺旋階段にうっとり

[まろ流]
ひとりホテルの
過ごし方

今回のテーマはみなとみらいの絶景に、とことん癒されます。あえて"何もしない"贅沢を味わって。

1.真っ赤に染まる
みなとみらいの夕
景 2.観覧車のネ
オンが彩る夜景も
美しい

VIEW

**時間とともに移り変わる
この景色は、"私だけ"のもの**

ひとりだからこそ、移りゆく景色を一秒
たりとも見逃さずに目に焼き付けまし
た。海面まで赤く染まる夕焼けが特に
美しくて…。ただ眺めるもよし、波音を
BGMに海風に吹かれながら読書するも
よしでした。"海上"でいただくかのよう
な、優雅なルームサービスの朝食も忘
れずに。

9:00 BATH　　8:00 BREAKFAST　　20:00 DINNER　　19:00 SUNSET

絶景とともに
朝風呂

ルームサービス
で朝食を

ホテル内のレストランの
テラス席でディナー

変わりゆく空に
ただ癒される

わたしと部屋

偶然カメラを構えたら、お風呂の窓に映った、この素敵なお部屋にいる私を捉えることができました。ちょっとうれしい。

見上げた空

偶然目に入った景色にグッとくる瞬間がひとりステイにはよくあります。これもなんだか空模様が美しいと思いました。

『おひとりさまホテル』の名シーンはココ！

© まろ マキヒロチ／新潮社

マッチングアプリのモヤモヤも、癒してくれたのがこの絶景でした。

おすすめプラン

ベストフレキシブルレート（朝食付）

1泊1室
5万円〜
（ルームサービスでの朝食付き）

[神奈川・横浜]

InterContinental Yokohama Pier 8

インターコンチネンタル ヨコハマ ピアエイト

客室は全室46㎡以上の広さ。みなとみらいビューのほかにハーバービューと、中庭の緑を望むジュニアスイートがある。ルーフトップ、スパ、ジムは宿泊ゲスト専用。

☎045-307-1111
📍神奈川県横浜市中区新港2-14-1
🛏173室 🕐IN15：00 OUT12：00
🚃みなとみらい線馬車道駅から徒歩約10分

2020年、大阪・堂島浜にオープンしたパレスホテルの新ブランド「Zentis Osaka」。どこまでも優雅でありながら、心地よくリラックスできる空間が広がっていて、究極の〝アフォーダブルラグジュアリー〟を実現しています。

インテリア設計を手掛けたのは、世界的なインテリアデザイナー、タラ・バーナード氏が率いるチーム。色合いやテクスチャーに至るまで、優しい美しさが印象的です。肩肘張らずにラグジュアリーな気分を味わう、ご褒美ステイにぴったり。願わくば近所に一軒ほしい、通いたくなるホテルです。

アフォータブルラグジュアリー

Zentis Osaka

[大阪・堂島浜]

「 通いたくなる
ちょうどいいご褒美ホテル。 」

LOUNGE

"邸宅のお庭"でゆったりした時間を

緑に囲まれた、宿泊者向けラウンジ。中にいても、邸宅のお庭にいるかのような感覚で、優雅な時間を過ごせます。コーヒーのセルフサービスもあり、読書やPC作業にうってつけです。

1.外にはテラス席も 2.広々と開放的なラウンジ。ソファ席やデスクなど用途に応じて使い分けられる

愛おしすぎるインテリアたち

インテリアコーディネートが完璧すぎて、このままそっくりお家に持って帰りたくなります…。

1人1泊
2万5410円～

おひとり
ステイ

[大阪・堂島浜]

Zentis Osaka

ゼンティス オオサカ

オープンキッチンのオールデイダイニング、フィットネス施設、ライブラリーがある。24時間利用可能な多目的ルームには、洗濯機やアイロン、フレグランスバーを備える。

☎06-4796-0111
📍大阪府大阪市北区堂島浜1-4-26
🛏212室 🕐IN15:00 OUT12:00
🚃JR東西線北新地駅から徒歩4分

ディテールにも目を凝らして

虫眼鏡で見るような気持ちで、カーペットのファブリックまでじっくり堪能しました。

3.織り目に惚れ惚れするカーペット
4.ベッド脇のランプシェード

「コーナーダブル」の客室にて選書された本とコーヒー

ひとり時間で本を読むのが大好き。でも、自分にぴったりの本がなかなか見つからない……。

そんな人にぴったりなのが、「ホテル エディット 横濱」の選書付宿泊プラン。なんとこのプランでは、書店員さんが、自分が書いたカルテに沿って本を選書してくれるんです。自分の趣味嗜好の延長にあるような絶妙な選書で、新たな世界が広がります。しかも素敵なお部屋で、そんな本たちと夜更かしをして、心ゆくまで読書の世界に没頭できるなんて、夢のよう。こんな贅沢な過ごし方は、ひとりステイならではかもしれません。気に入った本は購入も可能なので、チェックアウト後に、喫茶店で読書ステイの余韻を楽しむのもおすすめです。

読書

HOTEL EDIT YOKOHAMA

[神奈川・横浜]

「私のために
選ばれた本と過ごす。」

予約時に
"選書カルテ"を記入

* 本を読まれる方の性別　女性・男性・未回答
　女性
　男性
　未回答
* 本を読まれる方のご年齢　○○歳（〜代）

* ご興味のあるジャンル（複数可）

　お気に入りの作家、お気に入りの1冊があれば教えてください

* 選書のリクエスト
　ある程度普段の興味や嗜望に沿った本
　普段選ばないようなジャンルの本
　その他

日が差し込む
お部屋へ

待ちに待った
日が来た〜

HOTEL EDIT

□ 15:00 CHECK IN

今回のテーマは
自分のために選ばれた本
と、お部屋にこもって"読
書合宿"。時々、気分転換
に、お散歩を挟むのがポイ
ントです。

好きな体勢でひたすら読書

ひとりだから

1.ごろごろしながら読書する朝　2.選書され
た本　3.選書してくれた書店員さんのメッ
セージ　4.窓際にはデスクも

READING

絶妙な選書だから止まらない！
寝ても覚めても読書に夢中

カルテには、「興味のあるジャンル」「お気に入
りの作家さん」の欄があり、それにどの程度沿
った方がいいのかもリクエストできるので、そ
の時の気分に合わせて選書してもらえます。理
想の本たちに囲まれて、コーヒーの飲み放題サ
ービスもあるなんて、もう寝られません…！

気分転換にお散歩

飲み放題のコーヒーが相棒

読書合宿のスタート

開封の儀! ワクワク！

17:30 STROLL

ROOM

1

4

2

226

3

内装は爽やかなマリンテイスト お気に入りは"コーナーダブル"

館内の内装は、港町・横浜を感じられる爽やかなマリンテイストになっています。お気に入りの部屋は、"コーナーダブル"。大きな窓から入る自然光が部屋全体をふわっと包み込んで、思わずうとうとしそうになる心地よさです。

1.自然光が差し込むコーナーダブルのお部屋 2.キュートな客室のサイン 3.オリジナルのバスソルトも作れる 4.エントランス

本片手に喫茶めぐりが続きます

寝ても覚めても読書

オリジナル入浴剤でバスタイム

ロープウェイで夜景も堪能

△ 11:00 CHECK OUT △ 8:00 MORNING △ 21:00 ROOM

独り占めした、私だけの絶景

読書の旅は続くよ、どこまでも

選書いただいた本の中で、いくつか気に入ったものを買って喫茶店めぐりもしました。なんていい休日！

夕日に包まれて

西日に染まったお部屋で、窓際にもたれながらの読書、最高でした。

[神奈川・横浜]

HOTEL EDIT YOKOHAMA

ホテル エディット ヨコハマ

ホテルのテーマは「自分らしい旅を編集する」。ライフスタイルショップ、レストラン、バー、サービスオフィスを併設する。レストランでは朝食も提供（前日までの事前購入）。

☎045-680-0238
📍神奈川県横浜市中区住吉町6-78-1
🛏129室 🕐IN15:00 OUT11:00
🚃京浜東北・根岸線桜木町駅から徒歩6分

おすすめプラン

選書付きプラン
1人1泊
1万円〜

箱根本箱

[神奈川・箱根]

「本の楽園で
"わたしの一冊"と出合う」

"本との出会い"、"本のある暮らし"がテーマのブックホテル「箱根本箱」は高い天井にそびえる本棚がシンボル。館内のいたる所に「衣・食・住・遊・休・知」を中心に選書された1万2000冊が並び、好きな場所で好きなだけ、豊富な飲み物やお菓子類をお供に、読書に没頭できるので、本好きにはたまらない"楽園"となっています。

また、全室に温泉露天風呂がついているので、自分のペースで読書の休憩がてら、のんびり温泉に浸かるなんてことも。本に温泉に、と要素がとってもひとり向けなので、実際ひとり客も多い印象で、私のフォロワーさんにもファンが多く、"ひとりホテルデビュー"を考えている人にはぴったりかもしれません。

館内には名作チェアも並ぶ。こちらはフリッツ・ハンセンのロオチェア

84

まずは温泉に浸かります

気持ちいい部屋着にお着替え

ウェルカムスイーツがおしるこ〜

◁ 16:30 ROOM　　◁ 15:30 CHECK IN

［まろ流］ ひとりホテルの 過ごし方

今回のテーマは
とにかく好きな場所で、
好きなだけ読書を。少し
疲れたと思ったら、美食
や温泉に癒されます。

1.私のお気に入りの席。この周辺の
食に関する選書もいい 2.お菓子と
本 3.いつもは手に取らない写真集
も手に取ってみたり

おこもりできる
ひとり用スペース

READING

"秘密基地"で読書を楽しむ

同じ本棚の前を通っているのに、時間によってビビ
ッとくる本が違って、瞬間の"出合い"が生まれて面
白かったです。私のお気に入りは、本棚の中に隠れ
た席。人けの少ない深夜にここにこもって、お菓子
をつまみながら読書する時間が至福でした。

深夜の独り占めがたまりません

オリーブオイルは帰りに購入

ディナーもちゃんとおいしいなんて…

読書の旅が始まりました

22:30 NIGHT　　18:00 DINNER

ROOM

景色にも見とれて
露天風呂で憩う

私が泊まったのは2階のお部屋で、眺望が最高でした。運よく雲海まで見れて！ 本だけではなく、温泉と景色にも癒されて幸せでした。

1.温泉露天風呂とチェア付きの2階のテラスツイン 2.夕方に雨が降って晴れ、綺麗な雲海が

DINNER

3.ディナーはコースで提供。東海道五十三次がテーマとなっていてメニュー名も個性的。こちらは鹿肉で「もみじ」4.鰭は「醤油の前任」5.カウンター席の目の前がキッチン

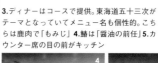

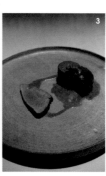

ライブキッチンで楽しむ
箱根のローカルガストロノミー

箱根のローカルガストロノミーをテーマとしたお料理は絶品！ カウンターを囲むキッチンで、シェフの説明も聞けて、楽しくお食事を味わえました。

最後まで読書漬け

朝から幸せ

朝風呂は大浴場で！

本のセレクトも素敵

◁ 9:00 BREAKFAST　　　◁ 8:00 SPA

独り占めした、私だけの絶景

愛を求めて

だいぶ棚の上の方にあったにもかかわらず、この岡本太郎ご夫妻の本が光って見えて。運命を感じてホテルで購入しました！

雲海との出合い

夕焼けに染まる雲海が本当に美しくて。期待してなかった絶景に出合えてうれしかったです。

[神奈川・箱根]

箱根本箱
はこねほんばこ

18室の客室は全てインテリアが異なり、全室に温泉露天風呂と「あの人の本箱（選書棚）」が設けられている。パブリックバスでは強羅温泉と大涌谷温泉の2種類の温泉を楽しめる。

☎0460-83-8025
📍神奈川県足柄下郡箱根町強羅1320-491
🛏18室 ⏰IN15:00 OUT11:00
🚃箱根登山ケーブルカー中強羅駅から徒歩4分

おひとりステイ

1人1泊
3万1556円～
（2食付）

大きな窓から苔庭が望めるレセプション。守り神"moksa jin"が見守る

ウェルネス

moksa

[京都・八瀬]

「癒しのひとり京都でととのう。」

"癒される"を超えて、"生まれ変わる"。そんな究極のリトリート体験ができるのが、京都・八瀬にある「moksa」です。八瀬には日本最古の蒸湯場があり、それ以降、身を浄める場所として愛されてきた歴史があることから、"再生"がコンセプトのお宿になっています。駅に降り立っただけで、豊かな自然と静けさに癒されるのですが、さらにお宿に足を踏み入れれば、"民俗的モダン"な空間に包まれて、苔庭を愛でながらお茶を味わった り、貸切のサウナでととのったり。ボロボロだった心身が段々と癒えてゆくのが実感できます。どうしようもなく疲れてしまった時、ぜひ生まれ変わりに行ってみてください。

美しい茶器が並ぶカウンター「帰去来（ききょらい）」

駅に降り立つと、爽やかな景色が

お宿に到着。あまりにも美しい…

お庭を愛でながらお茶を

[まろ流]
ひとりホテルの
過ごし方

今回のテーマは日頃頑張っている自分を労り、私らしさを取り戻します。スマホを置いて、ゆっくり深呼吸。

15:00 CHECK IN　14:30 ARRIVAL

DESIGN

1.私がお気に入りの、通路にある沓沢佐知子氏の作品 2.お庭にもmoksaの守護神 "moksa jin" が 3.ロビーで出迎えてくれる書と土の作品

館内を彩る民俗的でモダンな作品

館内を彩るのは、この地の文化、歴史から考え抜かれた民俗的でモダンな作品たち。八瀬の景色とリンクするような自然素材が用いられていて、作品に囲まれているだけで癒されます。

TEA TIME

所作や茶器にもほれぼれの
ティーセレモニーを体験

カウンター「帰去来」では、美しい苔庭を愛でながら、淹れたてのお茶をいただくことができます(不定期開催)。所作や茶器にもほれぼれ。これぞ、至福のひとり時間です。

1.スタッフさんが目の前で丁寧にお茶を淹れてくれる
2.茶器に映るお庭も美しい

お茶でリラックス

薪火ディナーを堪能

川沿いのお部屋でもくつろぎます

お庭も散策。ああ木漏れ日

◻22:30 ROOM　　◻20:00 DINNER　　◻16:30 WALK

SAUNA

1.お気に入りは、"炭化した薪"をイメージしたサウナ「炭蒸」2.壁面に京都墨が塗り込まれた黒いサウナ室

プライベートサウナでととのう

館内には、サウナの聖地「サウナしきじ」の娘、笹野美紀恵氏がプロデュースした3種のプライベートサウナが。誰にも邪魔されることなく、朝から気持ちよくととのいます。

GOURMET

3.館内のレストラン「MALA」では、薪火で調理された地産のお野菜やお肉をいただける 4.器も愛でたい養生朝食のお粥

優しい養生朝食が、体に染み渡る

朝サウナの後は、"サ飯"にピッタリな養生朝食を。湯葉とゆずの餡をかけたおかゆは、体に沁みます。食事はオールインクルーシブのプランもあり、薪火料理のディナーは絶品です。

ショップも見逃せません

最後にお庭で深呼吸

"サ飯"は優しい養生朝食

朝サウナでととのいます

⏱ 11:00 CHECK OUT   ⏱ 9:30 BREAKFAST   ⏱ 7:30 SAUNA

独り占めした、私だけの絶景

ロビーで出迎えてくれる"moksa jin"

今日は何を抱えているかな？と、いつも会うのが楽しみです。癒される…。

雨も滴るいいお宿

いつもは憎い雨が、ここだとなんだかうれしくて。雨でかすむ山々や、緑が一層映えるお庭がとても美しくて癒されました。

[京都・八瀬]

moksa
モクサ

全31室の客室は、清流・高野川に面したお部屋や、苔の美しい日本庭園に面したお部屋があり、自然を近くに感じることができる。全室にハリウッドツインのベッドを用意。

☎075-744-1001
📍京都府京都市左京区上高野東山65
🛏31室 ⏱IN15:00 OUT11:00
🚃叡山電鉄八瀬比叡山口駅から徒歩7分

おひとりステイ

1人1泊
3万825円〜
（2食付）

🛍 こんなグッズも

moksaのロゴがあしらわれたマスキングテープも買える充実のショップは必見です

[青森・十和田]　●ウェルネス/自然
星野リゾート 奥入瀬渓流ホテル
ほしのリゾート おいらせけいりゅうホテル

奥入瀬の大自然を独り占めできるホテルです。私は冬に行ったのですが、一面に広がる雪景色の美しさといったら…！ 氷瀑ツアーや温泉、渓流沿いの客室と、滞在中ずっと大自然に触れることができて癒されました。

☎050-3134-8094（星野リゾート予約センター）　📍青森県十和田市大字奥瀬字栃久保231
🛏187室　💴1人1泊2万5100円〜
🕐IN15:00 OUT12:00
🚃JR青森駅から無料送迎バスで90分〜120分

1.暖炉は岡本太郎氏の作品。雪景色によく似合う 2.夜の氷瀑ライトアップツアーでは幻想的な景色を楽しめる

おひとりさまポイント
- ☑ 奥入瀬の大自然を独り占め
- ☑ 温泉に癒される
- ☑ 冬は雪景色が堪能できる

[長野・川上]　●ウェルネス/自然
ist - Aokinodaira Field
イスト アオキノダイラ フィールド

八ヶ岳東麓の、高原の木々が茂る谷にある約2万坪の自然のフィールド。ここの小さな家「Hut」に3泊し、森に囲まれた"ひとり小屋暮らし"を楽しみました。あまりに心地よかったので、いつか絶対小屋を買おうと思っています。

☎070-4024-1135
📍長野県南佐久郡川上村樋澤1402　🛏4棟（ハット）
💴1人1泊1万円〜（ハット）
🕐IN15:00 OUT10:00
🚃JR野辺山駅から車で10分

1.小屋の中のリビングのようなエリア。朝日が降り注いで気持ちいい 2.デスクもあるので作業に没頭することもできる

おひとりさまポイント
- ☑ 自分だけの"小屋"に籠れる
- ☑ 作業に集中できる
- ☑ 自然に囲まれてのんびりできる

[東京・紀尾井町]　●極上ラグジュアリー
ホテルニューオータニ

「新江戸シングルルーム」は贅沢なヒノキ風呂がついた、おひとりさま専用の客室。ヒノキ風呂に入れるレモンや、お風呂上がりに飲みたい、こだわりの日本酒が用意されていて、"ひとりヒノキ風呂"で癒される環境が整っています。

☎03-3265-1111
📍東京都千代田区紀尾井町4-1
🛏1474室
💴1人1泊4万7000円〜
🕐IN15:00 OUT12:00
🚃各線麹町駅から徒歩6分、四ツ谷駅から徒歩6分

1.「新江戸シングルルーム」のヒノキ風呂 2.ホテルのソムリエが厳選した日本酒

おひとりさまポイント
- ☑ 日本酒を湯上がりに味わえる
- ☑ 日本庭園の景色にもうっとり
- ☑ ひとりヒノキ風呂で癒される

1. 全6室、全てデザインが異なる。私が宿泊したのは「雲」2.早朝の静けさに包まれた由比ヶ浜。朝焼けが美しい

[神奈川・鎌倉] ●ウェルネス/自然

aiaoi
アイアオイ

ご夫婦で運営されている、小さなホテル。近くに由比ヶ浜があり、ただただ朝焼けを眺める時間が尊く感じました。室内でも鎌倉の空気を感じられ、忙しない毎日の中で、立ち止まりたくなった時に訪れたい場所です。

☎なし
📍神奈川県鎌倉市長谷2-16-15 サイトウビル3F 🛏6室
💴1人1泊1万2500円〜
🕐IN15:00 OUT11:00
🚃江ノ島電鉄長谷駅から徒歩3分

おひとりさまポイント
- ☑ 鎌倉の自然に癒される
- ☑ 心穏やかにゆったり過ごせる
- ☑ 自分と向き合える

1.シティービューが望めるスタンダードタイプ。配色やインテリアもレトロ 2.バスルームのデザインにもうっとり

[東京・外苑前] ●極上ラグジュアリー

THE AOYAMA GRAND HOTEL
ジ アオヤマ グランド ホテル

外苑前の旧ベルコモンズ跡地に建てられたホテル。内装は1960年代に青山エリアでブームになったヴィンテージマンション風で、"レトロかわいい"空間が広がっています。バスルームまで世界観が浸透しているなんて素敵!

☎050-1745-6733
📍東京都港区北青山2-14-4
🛏42室
💴1人1泊3万5000円〜(朝食付)
🕐IN15:00 OUT12:00
🚃銀座線外苑前駅から徒歩3分

おひとりさまポイント
- ☑ インテリアを愛でられる
- ☑ バスタイムが至福
- ☑ レトロかわいい

1.一番コンパクトなダブルタイプ。良質なスピーカーで音楽を聞くのもいい 2.開放的なレストラン&バー

[東京・秋葉原] ●アフォーダブルラグジュアリー

NOHGA HOTEL AKIHABARA TOKYO
ノーガ ホテル アキハバラ トウキョウ

"音楽とアートと食"がテーマで、この3つの要素に癒され、リラックスして過ごせます。1階にはレストラン&バーがあり、カジュアルに楽しめるのでおすすめ。ちょっと羽をのばしたい時にぴったりのホテルです。

☎03-6206-0569
📍東京都千代田区外神田3-10-11
🛏118室
💴1人1泊3万1500円〜
🕐IN15:00 OUT11:00
🚃銀座線末広町駅から徒歩4分

おひとりさまポイント
- ☑ 都会でリラックスできる
- ☑ カジュアルに楽しめる
- ☑ バーも気軽に入りやすい

偏愛ひとりホテル ～ルームサービス編～

誰にも見られないからこそ、ちょっとだらしない格好でも食べられて、私だけの"特等席"で味わえるルームサービスは、いつも夢を見させてくれます。コンコンとノックの音が聞こえると、整然とカトラリーが並べられた真っ白なテーブルクロスのワゴンがお部屋に入ってきて、お皿の蓋がぱかっとあく…あの瞬間がたまりません。時々、無性にルームサービスをしたくなって、ホテルに泊まりたいと思うくらい好きです。ここでは、今まで泊まった中でも思い出深い3件をご紹介します。

ホテルニューオータニ

個人的にクラシックなスタイルが好きで、特にあの銀色の蓋・クローシュは大好物(笑)。あの日本庭園を眺めながら朝食を食べるという優雅さも含めて、全てが夢でした。 >P.92

©まろ マキヒロチ／新潮社

マンガにも登場！

ブハーッ しあわせっ♡

オークラ東京でルームサービスを豪快に楽しむシーン。再現度の高いメニューの絵も必見

オークラ東京

ここでのルームサービスはマスト。夕飯は、カニクリームコロッケと決めています。さりげなく置かれた可憐な薔薇も好き。この日は東京タワーが優雅に眺められる"特等席"でした。
>P.66

板室温泉 大黒屋

こんなカジュアルなルームサービスもいい！と思ったのが、こちら。なんと甘酒がオーダーできるのです。お部屋の雰囲気にも合ってて、いい感じ。連泊時にはお蕎麦をいただきました。
>P.46

OHITORI HOTEL

\ わたしの気分別 /

Chapter.

3

紡がれた物語に思いを馳せて…

クラシックな世界に
浸りたいホテル

富士屋ホテル ＞P.96

歴史あるホテルには、これまで紡がれてきた"物語"が山ほどあって、それらにひとりでじっくり思いをめぐらせるのが、私は好きです。お部屋だけでなく、館内を何度も散歩して、美しいディテールにハッとして、ときめいて。ここにしかない魅惑の世界、のぞいてみませんか。

クラシックホテル

富士屋ホテル

［神奈川・箱根］

憧れのクラシックホテルで
夢のようなひとときを。

言わずもがなの、日本を代表する明治11（1878）年創業のクラシックホテル界の王様といっても過言ではない、私にとっても憧れの存在で、なかなか踏み出せずにいたのですが、そんなことを言ってたら、一生泊まれない！と、思い切って宿泊することにしました。

恐る恐る扉を開けたら、荘厳な建築群と、風格が漂う和洋折衷の上品なデザインに魅せられ、気づけばすっかり〝富士屋ワールド〟の虜に。ディテールのひとつひとつに、ゲストやスタッフが育んできたホテルへの愛を感じ、ひとりで心ゆくまで堪能しました。でも何より私が最も感動したのは、ス

タッフさんのホスピタリティ。創業以来、「至誠」という社是を通して受け継がれてきた日本の心、おもてなしの精神に、何度も胸がいっぱいになりました。

憧れを、憧れのまま終わらせなくてよかった。でも、ずっと憧れであり続けてほしい。そんな特別なホテルです。

明治24年築の
本館と昭和5年築の食堂棟

「メインダイニングルーム・ザ・フジヤ」での朝の光景

お部屋で優雅に
リラックス

白亜の洋館へ。
赤絨毯！

壮大な建築に感動！

○16:00 ROOM ○15:00 CHECK IN

今回のテーマは
"富士屋ワールド"に、じ
っくり浸る。ひとりだから
こそ五感を研ぎ澄ませ
て、広い館内をぐるっと
めぐります。

INTERIOR

トイレだって見逃せない
ときめく館内散歩

約7,600坪の敷地に4つも宿泊棟があるため、散歩
の楽しみは尽きません。何気なく入ったトイレや、ふ
と見上げた天井にもときめいて…。ミュージアムで
往時に思いを馳せる時間も至福でした。

1.竣工当時のステンドグラスが
残る「レストラン・カスケード」
2.バーの横にあるトイレ 3.「バー・
ヴィクトリア」の天井はビリヤー
ド台のデザイン 4.歴史を紐解
けるミュージアム 5.昔のホテ
ルマニュアルなど貴重な史料も

ワクワクの
館内散策

ラウンジでティータイム

バーテンダーさんの
富士屋ホテル愛に感動

ひと休みしてからの
ディナー!

⏱21:30 BAR　　⏱20:00 WALK　　⏱18:30 DINNER　　⏱16:30 TEATIME

ROOM

淡い桃色に包まれて
夢見心地のひとりステイ

富士屋ホテルの旅の始まりは、自分好みの部屋選びから。
猫足バスタブが決め手となり、私は西洋館の一室に宿泊。
リニューアル時に"復活"したという淡い桃色の壁紙にうっ
とりして、夢心地で眠りにつきました。

6.西洋館の「ヒストリックデラッ
クスツイン」。部屋ごとに趣が異
なる。カーテンからのぞくのは
花御殿 7.優美な花の天井装飾
8.猫足バスタブ

夢のような時間を
ありがとう

日差しが入る
お部屋での
んびり

天国…？な
朝ごはん

憧れの猫足バスタブ

◁11:00 CHECK OUT　　◁8:00 MORNING　　◁23:30 BATH

テーブルに並ぶ
全てが美しい…

2　1

1.高さ6mの折り上げ天井は圧巻。高山植物が描かれた天井画も美しい
2.「ペストリーブレックファスト フジヤ」フレンチトースト富士屋風、パンケーキ、シナモントーストの組み合わせがたまらない

じろり

柱の彫刻には、建築
当時の社長・山口正
造氏が。今でもスタッフ
を厳しく?見守っている

BREAKFAST

ここは天国ですか…？
寝ても醒めない"富士屋の魔法"

朝は、「メインダイニングルーム・ザ・フジヤ」で、神社を思わせるような荘厳で神聖な空間に、降り注ぐ朝日…。一瞬夢なのかと頬をつねりそうになりました。お食事も、少しずつ色んなものを食べたいひとりごはんの夢を叶えてくれるメニューで、幸せに満ちたひと時でした。

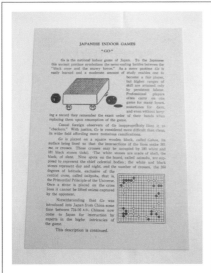

何気なくメニューをめくったら

実はこれ、外国人向けの日本文化の"ガイド"。当時のまま今もメニュー裏に印刷しているそうで、ロマンを感じますねぇ。

ストローの袋を愛でていたら

写真を撮ったら、スタッフさんがこの可愛さに共感してくれて。愛が伝わったあの瞬間が嬉しくて、忘れられません。

 買ったもの

富士屋ホテルの温泉を配合した入浴パウダーは、往時のイラストにひと目ぼれして購入

おひとり
ステイ

1人1泊
7万7000円〜
（2食付）

[神奈川・箱根]

富士屋ホテル

ふじやホテル

創業以来、数々の増改築を経た建築群は、多くが登録有形文化財に指定されている。客室は本館、西洋館、花御殿、フォレスト・ウイングの4棟に分かれている。

☎0460-82-2211
📍神奈川県足柄下郡箱根町宮ノ下359
🛏120室 🕐IN15:00 OUT11:00
🚃箱根登山鉄道宮ノ下駅から徒歩7分

かわいいポスト

タケコプターのようなサイン、かわいくないですか！ 目を凝らして、こういう"愛おしい"を見つける時間が楽しいんです。

明治6（1873）年創業の、現存する日本最古のリゾートホテル。宿泊棟の3つが国の有形文化財に登録されるなど、当時の趣を強く感じられるクラシックホテルの代表格です。回転扉の先には、タイムスリップしたかのような異世界が広がっていて、和洋の文化が混在する不思議な空間に魅了されます。

金谷ホテルは元々、創業者が自宅の一部を外国人向けに宿泊施設としたのが始まりと言われていて、その名残から、アットホームな雰囲気も魅力的。館内のサインひとつとっても、ほっこりします。ひとりだからこそじっくり、かわいらしいディテールまで堪能してみてください。

ダイニングルーム正面の木彫りの鏡
金谷ホテルらしい空間

クラシックホテル

日光金谷ホテル

[栃木・日光]

全ての不思議が
愛おしい。

回転扉の先に、こんな世界が……！

白亜の洋館にうっとり

美しい格天井のお部屋へ

◁ 15:30 ROOM

◁ 15:00 ARRIVAL

[まろ流]
ひとりホテルの
過ごし方

今回のテーマは自宅のようにくつろぎながら、"異世界"にどっぷり浸る。ダイニングにバーと場所を変えて、館内を堪能し尽くします。

格天井の客室で
当時の趣を感じる

私がひと目ぼれしたのが、本館にわずか2室という格天井の客室。フォルムが美しい木彫りの鏡台も置かれ、味わい深い空間が広がっています。大きな窓から、庭園の風景を独り占めする時間は至福でした。

ROOM

1.26号室。ひとつとして同じ客室はない 2.何度も見とれてしまう美しい鏡台 3.昔ながらのルームキーも味がある

4.ダイニングルームとレセプションのサイン 5.日光東照宮の"想像の象"がホテルにも 6.山小屋のような温もりを感じるレセプション

DESIGN

回転扉の先に広がる
魅惑的な世界

いちいち愛おしくて、全て抱きしめたくなってしまいます。私のお気に入りは、随所に飾られている木製のサイン。絶妙にかわいいんです！ 楽しい館内ツアーもあるので、宿泊の際はぜひご参加を。

素敵なダイニング
でディナー

バーも外せません

21:00 BAR

18:00 DINNER

わくわく館内
ツアーに参加

じっくり、
ひとり散歩も

17:00 TOUR

1.木彫りの装飾が美しいメインダイ
ニング。大きな窓からは緑を望める
2.レトロなワインリスト 3.日光虹
鱒のソテー 金谷風

3

2

DINING

伝統のメニューも味わえるメインダイニング

メインダイニングでは、長く愛されてきた伝統のメニューも
味わえます。お気に入りの場所は、窓際の席。朝日が降り
注ぐ朝食の時間は特に美しく、ほれぼれします。

日光彫のテーブ
ルも美しい、趣
あるバーもお見
逃しなく。写真
のカクテルは金
谷ホテルスペ
シャル

『おひとりさまホテル』の
あのダイニングはココ！

©まろ マキヒロチ・新潮社

ミンジちゃんも、窓際の席で朝のメインダイ
ニングにうっとりしていました。

おみやげも
たんまり購入

歴史館で思いに
浸ります

優雅すぎる朝食。
よきかな。

早起きしてお散歩

独り占めした、私だけの絶景

どうしてこうなった？

バーに置いてあったホテルの写真集を見
ていたら、ニジマス？を持った男性の写真
が。詳細不明らしく、謎が深まります…。

隠れ金谷ホテル

サインをよーく見ると、白い金谷ホテルの
ロゴが！ こういう発見に、ひとり静かに
興奮するのが、私の楽しみ方です(笑)。

[栃木・日光]

日光金谷ホテル

にっこうかなやホテル

日本の建築美に西洋の家具調度がとけ込むク
ラシックホテル。メインダイニングのほかに、
ギフトショップ、シングルモルトウィスキーを揃
えるバーがある。

☎0288-54-0001
📍栃木県日光市上鉢石町1300
🛏63室 ⏰IN15:00 OUT11:00
🚃東武鉄道日光線東武日光駅から徒歩20分
（無料シャトルバスあり）

おひとり
ステイ

スタンダード
Aタイプ

1人1泊
平均3万9500円〜
（2食付）

こんなグッズも

昔のラゲッジタ
グデザインの陶
器マグカップ。
か、かわいすぎ
ませんか…。買
わずにはいられ
ませんでした。

やわらかな朝日に包まれた
本館の客室「スタンダード
ダブル パークサイド」

クラシックホテル

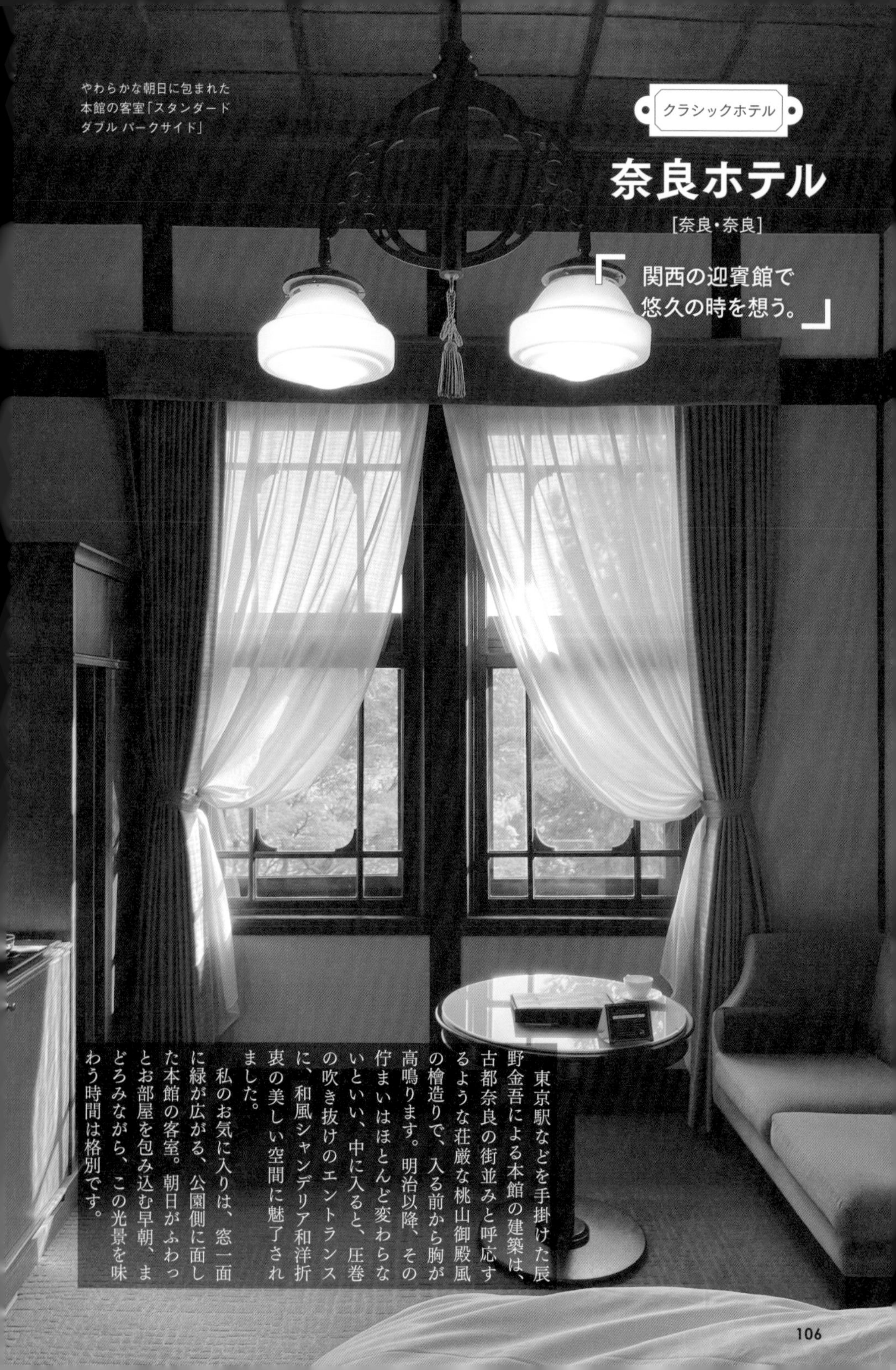

奈良ホテル

[奈良・奈良]

「関西の迎賓館で
悠久の時を想う。」

東京駅などを手掛けた辰野金吾による本館の建築は、古都奈良の街並みと呼応するような荘厳な桃山御殿風の檜造りで、入る前から胸が高鳴ります。明治以降、その佇まいはほとんど変わらないといい、中に入ると、圧巻の吹き抜けのエントランスに、和風シャンデリア和洋折衷の美しい空間に魅了されました。

　私のお気に入りは、窓一面に緑が広がる、公園側に面した本館の客室。朝日がふわっとお部屋を包み込む早朝、まどろみながら、この光景を味わう時間は格別です。

荘厳な建築に感動

西日に染まる館内を散策

癒しのティータイム

今回のテーマは
往時に思いを馳せなが
ら、優雅に過ごします。早
朝の奈良散歩もおすす
め。とっておきのコースを
知りたい人は連絡を(笑)。

◁15:00 CAFE

◁14:30 ARRIVAL

PUBLIC SPACE

1.吹き抜けのエントランス。天井近くには日本
画「鷺娘」が飾られている 2.大階段の天井に飾
られている和風シャンデリア 3.光と影の陰影
が美しい階段 4.庭園が望めるティーラウンジ
で松の実ケーキを

重厚感あふれる和洋折衷の
美しい空間に心酔

館内は、桃山風の華麗な意匠で彩られ、
重厚感のある佇まい。目を閉じれば当時
の光景が浮かぶような趣を感じられまし
た。夕日や朝日などが差し込む時間帯は
一層美しく、思わず見とれてしまう絶景に
出合えました。

夜の館内散歩。昔の
メニューに釘付け

バーで至福の
ひととき

夜は名物
"ビーフシチュー"を

日の入りを
見に東大寺へ

◁ 21:30 BAR   ◁ 20:00 DINNER   ◁ 18:00 WALK

1.「スタンダードダブル パークサイド」の客室。
ソファにもたれながら、お部屋全体と外の景色を
楽しめる 2.建具も美しい窓。上下の開閉式で歴史
を感じる 3.やわらかな光を放つ照明

ROOM

格天井の客室で優雅なひと時を

客室は、やはり本館がおすすめ。高い格天井で、今では珍
しい贅沢な空間が広がっています。建具も美しい上下窓や、
照明器具、創業当時のマントルピースなど調度品の数々も
優雅さを演出していて、ひとりでゆったりと安らげます。

独り占めした、私だけの絶景

早朝の奈良散歩

古の空気感を感じる早朝の奈良は、とても幻想的でお散歩がおすすめです。この後に食べる茶粥定食も最高!

わたしと奈良ホテル

あの日が差す美しい階段を撮影していたら、ふと私の影が映り、思いがけずホテルと"2ショット"に。

[奈良・奈良]

奈良ホテル

ならホテル

館内にあるフランス料理レストラン「三笠」は、ホテル創業から続くメインダイニング。そのほか日本料理「花菊」、ティーラウンジ、バーなどが。朝食は和・洋を選べる。

☎0570-66-6088
📍奈良県奈良市高畑町1096
🛏127室 ⏰IN15:00 OUT11:00
🚗近鉄奈良駅から車で5分

おひとりステイ

本館スタンダード ダブル パークサイド

1人1泊
8万4216円〜(2食付)

🛍 こんなグッズも

歴代のラベルとステッカー、鹿のかわいイラストがあしらわれたコースターを購入〜。ときめきますね

角部屋のシングルルーム。窓際のリクライニングチェアから目前のゲレンデを一望できる

クラシック

クラシック

赤倉観光ホテル

[新潟・妙高]

「赤い屋根の"山岳ロッジ"でゲレンデを独り占め。」

クラシカルな山岳ロッジのような、温かな雰囲気の中でくつろげるロビー

ホテルオークラの礎を築いた大倉喜七郎氏が、本格的な高原リゾートとして、昭和12（1937）年に創業したのが「赤倉観光ホテル」です。当時の建物は昭和40（1965）年に焼失したものの、趣そのままに再建。気品あふれる空間でありながら、山岳ロッジのような温もりも感じられます。

そして、なんといっても魅力的なのが、標高1000mに位置するホテルの眼下に広がる絶景。冬は辺り一帯がゲレンデとなり、角部屋のシングルルームからはその眺望を"独り占め"することができます。リクライニングチェアにもたれて、コーヒーを飲んで…なんて優雅な時間。早くも、次の冬が待ち遠しいです。

1.「メインダイニングルーム ソルビエ」 2.ライブラリーには
ホテルの歴史にまつわる書籍も 3.思い出のラゲージタグ

CLASSIC

"赤倉クラシック"に
ときめきが止まらない

高原リゾートだからこその、気品と
自然の温もりを兼ね備えたクラシ
カルな空間に心躍ります。細部に
もその世界観が行き届いていて、
昭和40年台から使われているとい
うラゲージタグはあまりにかわいら
しく、旅の思い出にと、しばらく
つけ続けていました。

GOURMET

格調高いダイニングで
優雅なディナーを

「メインダイニングルーム ソル
ビエ」では、本格フレンチのコー
スを。伝統のビーフコンソメ
スープは絶品。コクのある旨
味が体に染みわたります。

◁16:00 LOUNGE　　　　　　◁15:00 CHECK IN

ラウンジに癒される
クラシックな

ゲレンデを望むお部屋

赤い屋根が
見えてきた！

［まろ流］
ひとりホテルの
過ごし方

今回のテーマは
"山岳ロッジ"ならではの
クラシカルな雰囲気に浸
りながら、館内のいたる
所で絶景を堪能します

1.人けの少ない、早朝の静寂な「アクアテラス」2.日の入り前、眺望を楽しむために訪れた「アクアバー」3.源泉掛け流しの大浴場の露天風呂からは、果てしない絶景が。朝焼けは一段と美しい

温泉から、バーから…
いたる所で絶景を味わい尽くす

ホテルからの眺望は、遮るものがない絶景を手に入れるため、創業者が周辺の土地を買い占めたという逸話まであるそう。私もそんな特別な絶景を、館内のさまざまな場所からひとりじっくりと楽しみました。

6:00 MORNING　　　　　　18:15 DINNER　　　17:30 BAR

温泉でも朝日を拝みます

早起きして絶景を堪能

優雅なひとりディナー

夕暮れどきのバーへ

小窓にキュン

廊下を歩いてたら、小窓がひょっこり。かわいい〜！　こんな"キュン"に遭遇できるのがひとりホテルの醍醐味です。

推しのグッズを爆買い

往年のイラストを生かしたグッズが大量に！　しかもこんなかわいいギフト缶まで売ってたら、そりゃ爆買いしますよね。

**おひとり
ステイ**

1人1泊
3万7650円〜
（2食付）

創業時より使われている、妙高山とみの木のイラストがあしらわれたオリジナルコーヒーカップ＆ソーサー。滞在中使うたびに愛着が湧いて、こちらも購入

[新潟・妙高]

赤倉観光ホテル

あかくらかんこうホテル

源泉掛け流しの天然温泉を楽しめる山岳リゾートホテル。赤倉観光リゾートスキー場に直結という絶景のロケーションも魅力。レストラン＆バーは6カ所あり、充実している。

☎0255-87-2501
📍新潟県妙高市田切216
🛏69室　⏰IN15:00 OUT11:00
🚌えちごトキめき鉄道・しなの鉄道妙高高原駅から無料シャトルバスで10分

[漫画『おひとりさまホテル』第4巻で紹介されています]

🕗 8:00 BREAKFAST

最後にショップでかわいいグッズを購入

朝ごはんはフレンチトーストも！

愛知県蒲郡市、三河湾沿いの丘に建つ「蒲郡クラシックホテル」。外観は格調高い城郭風建築、内装はアールデコ様式と、クラシックホテルならではの和洋折衷な空間が広がっています。

最大の魅力といっても過言ではないのが、そのロケーション。高台から国の天然記念物・竹島が望めて、目を奪われるほどの絶景が広がっています。

ここで過ごす中で、私が特に好きだったのは、夕刻の時間。みるみる夕日に染まっていくホテルに、竹島の見事な夕景が、それはそれは美しくて。今も心に焼き付いています。

客室数はわずか27室とこぢんまりしているのも、過ごしやすく、ゆったりくつろげます。

クラシックホテル

蒲郡クラシックホテル

[愛知・蒲郡]

夕日に映える、
海沿いの小さな
クラシックホテル。

2階から見た、趣が感じられるロビーの吹き抜け。アールデコ様式が美しい

114

1.西日に照らされた階段 2.夕暮れの「ラウンジ・バー アゼリア」

夕景を味わいます
お散歩して

DESIGN

夕暮れ時が美しい
アールデコ様式の館内

幾何学模様のカーペットなど、随所にアールデコ様式の装飾が見られるので、散策しながらじっくり観察。西日が降り注ぐ美しいティーラウンジで、お茶する時間も優雅でした。

文豪が愛した
三河湾の風景を愛でる

高台に位置しているため、竹島をはじめ三河湾を一望できるのが魅力。志賀直哉や池波正太郎など文豪たちも愛した絶景を独り占めできます。

VIEW

3.竹島が望める海側ツインツーム 4.客室から見た夕焼け

おひとりステイ

1人1泊
2万9000円〜
（2食付）

[愛知・蒲郡]

蒲郡クラシックホテル

がまごおりクラシックホテル

2024年で建築から90年の歴史を持ち、国の天然記念物に指定されている竹島を望む。ラウンジ・バーのほかに、料亭、ステーキ＆シーフードレストラン、フランス料理レストランがある。

☎0533-68-1111
📍愛知県蒲郡市竹島町15-1
🛏27室 🕐IN15:00 OUT10:00
🚗JR蒲郡駅から徒歩15分

ティーラウンジではフレンチトーストがいただける

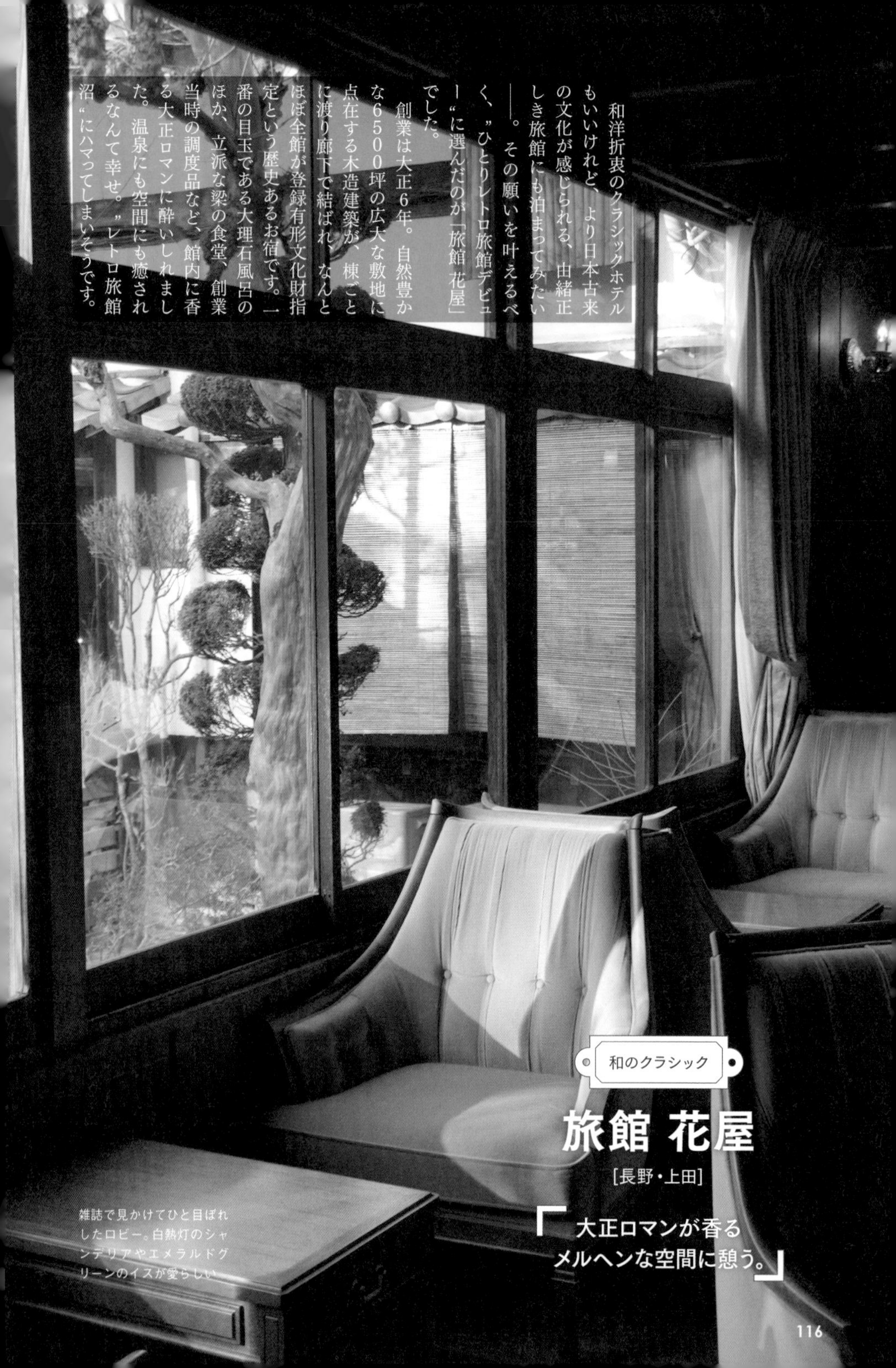

和洋折衷のクラシックホテルもいいけれど、より日本古来の文化が感じられる、由緒正しき旅館にも泊まってみたい——。その願いを叶えるべく、“ひとりレトロ旅館デビュー”に選んだのが「旅館 花屋」でした。

創業は大正6年。自然豊かな6500坪の広大な敷地に点在する木造建築が、棟ごとに渡り廊下で結ばれ、なんとほぼ全館が登録有形文化財指定という歴史あるお宿です。一番の目玉である大理石風呂のほか、立派な梁の食堂、創業当時の調度品など、館内に香る大正ロマンに酔いしれました。温泉にも空間にも癒されるなんて幸せ。“レトロ旅館沼”にハマってしまいそうです。

和のクラシック

旅館 花屋

[長野・上田]

「大正ロマンが香る
メルヘンな空間に憩う。」

雑誌で見かけてひと目ぼれしたロビー。白熱灯のシャンデリアやエメラルドグリーンのイスが愛らしい

お部屋までの道のりも素敵

別所温泉に到着！駅舎がかわいい

なんと優雅なチェックイン…

◁15:30 ROOM　　◁15:00 ARRIVAL

［まろ流］ひとりホテルの過ごし方

今回のテーマはディテールに目を凝らし、大正ロマンをたっぷり感じて。マイペースに温泉を挟みながら、館内でゆったり過ごします。

ROOM

1.温かな光を放つランプシェード
2.広縁からは緑が見渡せる

調度品が美しい洗練された和室

私が泊まったのは、ひとりにちょうどいい、本館の8畳の和室。ランプシェードや鏡台など、創業当時の調度品に趣を感じます。丁寧に改修されている箇所もあり、新旧のバランスがいい空間です。

PUBLIC SPACE

美しい庭園と"梁"に魅せられて

見渡す限り美しい庭園が広がる渡り廊下は、通るたびに癒されました。そして、私のイチオシは重厚感のある梁が魅力的な食堂。ひとりでお食事を待つ間も、心ここに在らずで見入っていました。

3.立派な梁に魅了される食堂。照明やオルガンなど調度品も美しい 4.お食事処や温泉へ行くたびに通る渡り廊下

深夜のひとり
温泉は最高

夜のメインは
和牛すきしゃぶ！

まずは若草風呂へ。
レトロ〜

こたつで、銘菓
をいただきます

⏱24:00 SPA　　　⏱18:30 DINNER　　　⏱16:00 SPA

1.開放感ある優雅なドーム型の天井
の下に、3つの浴槽がある大理石風
呂 2.色鮮やかな大理石 3.緑の木々
に囲まれた露天風呂

SPA

メルヘンな世界に
どっぷり浸かる

館内には源泉掛け流しの3種の湯
があり、湯めぐりが楽しめます。な
んといっても外せないのは「大理石
風呂」。大正時代にタイムスリップ
したかのような空間です。深夜、な
んと私しかおらず、幻想的でメルヘ
ンな世界を独り占めできました。

魅惑の館内
ツアーに参加！

最後に露天風呂へ

お布団で
おやすみなさい

朝はやっぱり
和定食

11:00 TOUR　　10:00 SPA　　8:00 BREAKFAST

独り占めした、私だけの絶景

湯上がりのコーヒー

朝風呂の後に、ロビーでコーヒーを。温泉
の余韻に浸りながら、庭園に癒されまし
た。湯上がりって記憶に残りますよね。

通りすがりの景色

「わあきれい」と思わずシャッターを切りま
した。こういう私だけの絶景に出合えるか
ら、ひとりステイはやめられないんです。

[長野・上田]

旅館 花屋

りょかん はなや

100％源泉掛け流しの別所温泉を楽しめる温
泉旅館。夕食は季節感を大切にした会席料
理。信州プレミアム牛ステーキを味わえる贅沢
なプランもあり。

☎0268-38-3131
📍長野県上田市別所温泉169
🛏32室 ⏰IN15：00 OUT11：00
🚃上田電鉄別所線別所温泉駅から徒歩5分

おひとり
ステイ

1人1泊
2万5300円～
（1名の場合、特期や繁忙期、
混雑により受け入れ
不可の場合も）

江戸時代、柳川藩主立花家の別邸として建てられた「柳川藩主立花邸　御花」。その後、明治時代に伯爵家となり池庭の「松濤園」や「西洋館」が建設され、戦中戦後の混乱期を経て料亭に。7000坪の敷地の全てが国指定名勝（文化財）に指定されたなり、変わらず立花家がこの地を守り続けています。ここでは書ききれないほどの歴史が紡がれて、そのストーリーを惜しげもなく"魅せて"くれるのでひとつひとつにじっくり触れて、思いを馳せるのが私流の過ごし方。朝の静けさに包まれた情緒あふれる柳川でゆったりお舟朝食が味わえたのも幸せでした。

和のクラシック

柳川藩主立花邸 御花

[福岡・柳川]

「ここで紡がれた歴史に思いを馳せて。」

柳川でのお舟朝食。敷地内にある専用の船着場から出発する

1.国宝も含む貴重な収蔵品が保存されている「立花家史料館」泊まった後に見るとまた格別 2.立花家の迎賓館として建てられた、白亜の西洋館 3.大広間

PUBLIC SPACE

日本で唯一の
泊まれる国指定名勝でくつろぐ

文化財と聞くと一瞬背筋が伸びますが、ここが素晴らしいのは、リラックスして楽しめること。大広間では美しい松の庭を眺めながら、畳に寝転がったり、夜にお酒をいただいたりするのもOK。文化財で贅沢にくつろげます。

BREAKFAST

朝の静かな柳川で
お舟朝食を

まだ人気の少ない静かな柳川で、川下りをしながら優雅に朝食をいただけます。景色はもちろん、船頭さんも"独り占め"できて、柳川のストーリーを聞きながら楽しみました。

畳にゴロンと寝転んでお庭を眺めるのが気持ちいい

おひとり
ステイ

1人1泊
5万4500円〜
（お舟朝食付）
※リニューアル後の予定価格

[福岡・柳川]
柳川藩主立花邸 御花
やながわはんしゅたちばなてい おはな

2025年1月のリニューアルオープンに向けて、2024年7月〜12月まで宿泊棟は改修工事のため休館予定。日帰りの文化財エリアの見学や、料亭利用は休館期間中も利用できる。

☎0944-73-2189
📍福岡県柳川市新外町1
🛏20室 ⏱IN15:00 OUT11:00
🚌西鉄柳川駅からバスで15分

自分で海苔を巻いたおにぎりを頬張りながら、柳川の風景を愛でることができる

拝啓 山の上ホテルさま

1.やわらかな夕日に包まれるお部屋「デラックスダブル」 2.ホテルは丘の上にひっそりと佇む 3.美しい螺旋階段。休業する日もスタッフさんが手すりを綺麗に磨いていた

休館してからもう3カ月が経つなんて、時の流れは早いものですね。私は時々あなたを思い出しては、恋しくなっています。凛とした美しさと安らぎが同居するあの空間、東京とは思えない静けさ、客室に続く螺旋階段、一輪のバラ、清掃札だって、全部全部恋しくて。会えなくなった今、寂しさは募るばかりです。

思い出は山ほどあります が、一番心に残っているのは「てんぷらと和食 山の上」でのこと。夕食券のイラストが大好きで持って帰りたくて、スタッフさんに無理を承知で聞いたら、「少々お待ちください」と。そしたらなんと、回収された私の券を、部屋番号まで書いて"完全再現"してくれたんです。山の上ホテルらしい温かさに胸がいっぱいになって、帰りに螺旋階段を登りながら、少し泣いてしまいました。

清掃札の愛おしさと言ったら。手書きのフォントが味です

丸みを帯びた美しい鏡台と一輪のバラにはいつもうっとり

特別にいただいた夕食券。大切な思い出の品です

便箋に綴られたメッセージにも癒されました

揚げたての蓮根の天ぷら。"美食めぐり"も楽しかったです

ルームサービスの朝食も大好きでした。また食べたいな

最後に宿泊した日に書いた"山の上ホテルへの手紙"

『おひとりさまホテル』の名シーンはココ！

山の上ホテルでの一瞬一瞬を噛み締めるミンジちゃん。読んでいると思い出が蘇ります。

[東京・御茶ノ水]
山の上ホテル
やまのうえホテル
☎03-5244-5232
📍東京都千代田区神田駿河台1-1
🚃JR御茶ノ水駅から徒歩5分

休業する日に宿泊した時、お手紙をいただきましたね。そこには「またお逢いする日まで…」と綴られていました。だから、きっとまた会えると信じています。その日まで、どうかお元気で。ずっと大好きです。これからも、ずっと。

ひとりお悩み相談室③
〜続編〜

フォロワーさんから募集した、ひとりホテルのお悩みに私が答えます! 解決するかは分かりませんが、何かの参考になれば幸いです。

 お悩み

ひとり、素敵ですね…?

> ひとり、素敵ですねと褒めてもらっているのに、なんだか普通ではないことをしてるように扱われるのがもにょります。考えすぎ？
>
> (不明)

ははは、ちょっと分かります（笑）。逆にね…という。でも、その人には本当に素敵に映ってて、褒めてくれているパターンもあると思うので、素直に受け止めていい気がします! 例えば、ひとりでいわゆるラグジュアリーなホテルに泊まるって、そこまで一般的ではないのは事実ですね。数十年前はもっと考えられなかったことなので、ご年配の方には特に驚かれるかもしれません。むしろ、すかさず

「こういう魅力があるんですよ」って伝えてみるのもいいのではないかなと思ったりします。とにかく、深く考えずに、楽しんでください〜!

 お悩み

無駄な夜更かし、どうにかしたい

> 育児疲れを癒しに来たのに、テンションが上がって無駄に夜更かししてしまいます（笑）
>
> (あや)

分かります! もはやそれが楽しいから割り切ってやるのもありかと思いますが…（笑）。例えば朝風呂や散歩など、翌朝の楽しいプランを決めるのはどうでしょう!? 早く寝て朝起きなきゃ! と思わせる作戦。ちなみ

に私は、そのプランを考えるだけ考えた上で、寝坊しています（笑）。

 お悩み

ツインベッド、どう使おう!?

> ツインの時、もうひとつのベッドにダイブしたくなるのですが、どうしてますか
>
> (みかん)

悩みに寄り添って時には突き放して!?（笑）私が答えます!

ひとりでツインベッドは寂しいなんて意見も聞きますが、いやまさに、**ひとりならではの贅沢な使い方です**ごくいいと思います! ちなみに、漫画家のマキヒロチ先生は「お風呂に入る前の汚い状態」と「入った後の

綺麗な状態」で2つのベッドを使い分けているそうです（笑）。

OHITORI HOTEL

\ わたしの気分別 /

Chapter.

4

自分を解放して…
アクティブに楽しみたいホテル

W大阪 >P.126

ひとりホテルってなんとなく"静"のイメージが強かったのですが、最近はとことん弾けてみるのもいいなと思っています。ホテルに楽しませてもらうことで、元気が出たり、思いっきり遊ぶことでストレス発散にもなったり。自分を解き放って、やりたいことをやり尽くしましょう！

アクティブ

W大阪

[大阪・心斎橋]

たまには、
ホテルに遊ばれたい。

静かに癒されるひとりステ
イもいいけれど、パーっとホ
テルで遊び尽くすのもストレ
ス発散になっていい！と思え
たのが、大阪・御堂筋にある「W

126

メインフロアにあるラウンジ
「LIVING ROOM」は華
やかでポップなデザイン

大阪でした。あのマリオット・インターナショナルが展開する「W」ブランドで、国内唯一のWホテルとなっています。

Wホテルといえば、キラキラした華やかな空間が特徴。ここでも、安藤忠雄氏がデザイン監修した漆黒の外観とは対照的に、内装はカラフルで豪華絢爛な空間が広がります。

派手な着物が禁じられていた江戸時代、表向きは黒い羽織を纏いながら、鮮やかな裏地でひそかにお洒落を楽しんだという大阪商人の遊び心から着想を得たデザインなんだとか。

最初は、ここにひとりってどうなの⁉と思ったのですが、居るだけで元気になるような、遊び心があってワクワクする空間と、エンターテインメント性あふれるサービスに心が躍りました。思いっきり遊んで、そして休んで─やりたいことをやり尽くして、自分を甘やかすのもたまにはいいですね。

元気なロビー！

大阪らしい

入り口から
もうW

極上リラックス

お部屋で

今回のテーマは
全てを忘れ、自分を解放
して、夜まで大胆に遊び
尽くす！ しっかり休むの
も忘れずに。

⏱ 15:00 CHECK IN

エレベーターのボタンまで！
Wらしさが全開

まず驚くのが、エントランスの光るトンネル。魅惑の"Wワールド"への入り口にテンションが上がります。ピンクのネオンが点灯するエレベーターに乗ると「W」階＝ロビーフロアのボタンが。ロビーに着くまでに、こんなに楽しませてくれるなんてさすがです。

PUBLIC SPACE

1.W階のエレベーターホール 2.エレベーターの"W"ボタン 3.エントランスのアライバルトンネル

『おひとりさまホテル』の
扉絵はこちら！

©まろ マキヒロチ／新潮社

映えまくりなトンネルに、主人公のふーちゃんも大興奮！

お風呂で
リラックス

楽しい鉄板
ディナー！

ムーディー
なバーで一杯

遊び心ある
内装に興奮

◻23:00 BATH　　　◻22:00 BAR　　　◻18:00 DINNER

お好み焼きに金箔!?
豪勢なひとり鉄板焼

夜は館内の「鉄板焼MYDO」で、ひとり
鉄板焼きデビュー。ここでも金箔をの
せたお好み焼きなど、ド派手な演出で
魅せてくれて、疲れが吹き飛びました。

4.見た目のインパクト大なお好み焼き。
アラカルトでも注文可能
5.待っている間も楽しいカウンター席

5

RESTAURANT
4

BAR
7

ムーディーなバーで酔いしれる

お腹を満たした後は、「LIVING ROOM」へ。日
中とは一転、ムーディーで大人な雰囲気が漂い
ます。酔っ払った後は、そのままお部屋のふかふ
かベッドへダイブできるのが最高！

6.楽しい演出のオリジナルカクテルが揃う
7.夜は幻想的な照明に

6

お部屋ででらだら

たくさん
遊びました♡

朝食ビュッフェ
もしゃれてる〜

たまには
夜更かしもいいね

⏱12:00 CHECK OUT

⏱8:00 MORNING

ROOM

遊び尽くした後は
お部屋でリラックス

お部屋は洗練された雰囲気で、眺望も抜群。カウンターに座って大阪の街並みを眺めたり、足をのばしてバスタブに浸かったり、ゆったり過ごせました。ベッドサイドの"エスケープボタン"を押すと、ミラーにネオンが光るなど、Wらしさもあちこちにあって素敵！

1.広さがちょうどいいコージーキングルーム 2.置き型バスタブ。バスアイテムのデザインや置き方がかわいい 3.フロアごとにブルーやピンクのネオンが光るミラー

素敵なサプライズ

漫画『おひとりさまホテル』のコラム取材で行ったら、お部屋にこんな心温まるお手紙が！ ふーちゃんかわいい♡

「写真撮りましょうか？」

ゲストを楽しませてくれる"W Insider"と呼ばれるタレントさん(Wスタッフの呼称)が、モデルみたいに撮影してくれた一枚(笑)。

おすすめ
プラン

SIP AND STAY
ステイプラン

1泊1室6万720円〜
(シグネチャーカクテル、5000円分のホテルクレジット付き)

[大阪・心斎橋]

W大阪
ダブリューオオサカ

メインダイニング「Oh. lala...」をはじめ、鉄板焼「MYDO」や看板のない鮨屋「うき世」など、6つのレストランとバーがある。スパ、フィットネス施設、屋内プールも。

☎06-6484-5355
📍大阪府大阪市中央区南船場4-1-3
🛏337室 🕐IN15:00 OUT12:00
🚉各線心斎橋駅から徒歩5分

都会でサバイブする私に乾杯

夜はひとりお部屋のバーカウンターに座って夜景を見ながらしみじみ。「私、都会でサバイブしてるじゃん！ おつかれ！」

ヤシの木が海のリゾート感を演出する
エントランス。赤いロゴもかわいい

アクティブ

ホテル サンハトヤ

[静岡・伊東]

1階のエレベーター
ホール。美しい昭和レ
トロな世界が広がる

「　“懐かしくて”新しい”
　ハトヤワールドに魅せられて。」

「伊東に行くならハトヤ電話は4126（よい風呂）」。あのハトヤグループが運営するのが「ホテル サンハトヤ」です。”本家“「ハトヤホテル」が山側なら、こちらは海側。海に浮かぶリゾートホテルとして、たくさんのゲストを楽しませてきました。大宴会場でのディナーショーや大水槽で魚たちが泳ぐ「海底温泉」、館内のあちこちを彩る

ハト…懐かしくて”新しい“、唯一無二のハトヤ流のおもてなしであふれています。

最初は、ひとりで大丈夫なのかドキドキだったのですが、終始大興奮！で楽しめたうえ、全体を俯瞰して見るからこそ気づく、”ハトヤワールド“のすごさが体感できて感動しました。いつもとひと味違う、ひとりホテルを楽しみたい方におすすめです。

132

オーシャンビューに癒されます

送迎バスがもうかわいい！

昭和レトロな空間に感動

⏱15:30 ROOM

⏱15:00 ARRIVAL

[まろ流]
ひとりホテルの
過ごし方

今回のテーマは
"ハトヤワールド"に身を
委ね、思う存分はしゃぐ！
恥は捨て、宴会場でもみ
んなと一緒にハトヤの歌
を歌います。

RETRO

ときめきしかない！
昭和レトロにメロメロ

館内のそこら中が、昭和レトロ
だらけ。光のアーチがまばゆい
ナイトラウンジの奥には、リア
ルな"カラオケBOX"や、きら
きら輝くダンスホールまであっ
て！ 小物周りはどれもかわい
くて、見つけるたびに悶絶して
しまいました。

1

2

3

4

1.客室に置いてあるハトヤサブレ。
売店でも購入可 2.客室にある"ハト
ヤ"のロゴがかわいいスリッパ 3.浴
衣にもハトヤの文字が 4.ナイトラ
ウンジの入り口。この奥に別世界が
広がる

ROOM

オーシャンビューと
ゆったり読書を楽しむ

客室は、全室オーシャンビュ
ー。朝方、浴衣を着たまま窓
際のイスにもたれ、読書する
時間が心地よく、幸せでした。
賑やかな外とは一転、お部屋
ではちゃんとリラックスできる
のは、うれしいですね。

6

5

5.大きな窓から海が望める。左手
には山々も 6.本は、私のひとりス
テイの必需品

○ 20:00 SPA　　○ 18:30 DINNER

久々にゲーセンを楽しむ

温泉へ。タオルセットがかわいい

懐かしの宴会場ディナーを満喫

お供は、あのハトヤサブレ

伝説のディナーショーを
あえてひとりで

大宴会場で、みんなでレーザーショーを見て手を叩いて、ごはんを食べて…。今では珍しい光景に、なんだかグッとくるものがありました。みんなでワイワイするのもいいけれど、輪の外からこうして感傷に浸るのも好きです。

『おひとりさまホテル』のあのシーンはココ！

©まろ マキヒロチ／新潮社

ミンジちゃんも、手を叩いてディナーショーを楽しんでいました。見終わった感想が素敵！

1.レーザーショーの一幕 2.華やかなショーの会場。長いテーブルに、老若男女が集う 3.牛鍋のコンロの台座にもハトヤが

3.海底温泉「お魚風呂」温泉は、海底1000mより汲み上げた単純泉 4.メロンクリームソーダ

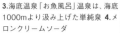

楽しい海底温泉
湯上がりはクリームソーダ

海底温泉「お魚風呂」は、浴槽の真横に大きな水槽が。たくさんの魚たちやウミガメに興奮して、いつもより長風呂してしまいました。そして湯上がりは、ナイトラウンジでメロンクリームソーダを。童心に返って、夜を大満喫しました。

おみやげたくさん買って帰宅

海を眺めながら読書

朝も宴会場でビュッフェ

湯上がりのクリームソーダ最高！

□ 10:00 CHECK OUT

□ 8:00 BREAKFAST

独り占めした、私だけの絶景

海底温泉に続く道

結構長いのですが、この昭和が香る廊下がまたよくって。るんるんで、海底温泉へ向かいました。

ショッパーを"海"に浮かべて

グッズを爆買いして手に入れたショッパーと海の景色がマッチ。ちなみにショッパーの裏側はハトヤホテルというおしゃれさ！

[静岡・伊東]

ホテル サンハトヤ

海沿いにあるスパ＆リゾートホテル。海底温泉「海の冒険」は水槽のある「お魚風呂」のほか、水着着用ゾーン「古代ビーチ」がある。市街地を見下ろす高台にはハトヤホテルも。

☎0557-36-4126
📍静岡県伊東市湯川堅岩572-12
🛏191室 🕐IN15:00 OUT10:00
🚌JR伊東駅から送迎バスで5分

おひとりプラン

1人旅プラン

1人1泊
2万2150円〜

こんなグッズも

右胸の部分に、さりげなくハトヤのロゴが！一目惚れして即決。愛用させていただいております

2023年5月に、新宿歌舞伎町の新たなランドマーク「東急歌舞伎町タワー」に誕生した「HOTEL GROOVE SHINJUKU, A PARKROYAL Hotel」。タワー内には、映画館やライブホール、さらにはナイトエンターテインメント施設まであって、大人の遊び場が充実しています。私は、映画館でレイトショー→その余韻に浸りながらバーへ→最後はお部屋で夜景を堪能して眠りにつくという、最高の"ひとり夜遊び"を編み出してしまいました…！我ながら、名案。翌朝、もうベッドから出たくないと思うくらい、遊び倒せて幸せでした。

遊びたい

HOTEL GROOVE SHINJUKU, A PARKROYAL Hotel

［東京・新宿］

「歌舞伎町の魅惑なホテルでシティなひとり夜遊びを。」

大きな窓から絶景を望める「プレミア・キング」。高いビルが少なく、果てしない夜景が広がる

レトロポップなお部屋にきゅん

エントランスからアガる！

音楽かけて夜景を堪能

⊲16:30 ROOM ⊲16:00 ARRIVAL

今回のテーマはとにかく都会の夜を満喫するひとりステイに。夜更かしして、朝だらだらするのも今回は醍醐味です

ROOM

1.デスク周りのインテリアも空間に馴染んでいる 2.「プレミア・キング」の窓は床から天井まで大きく取られている

"ミッドセンチュリー"な空間がレトロかわいい

客室は、この地にあった新宿TOKYU MILANOが開業した1950年代のミッドセンチュリーモダンなデザインに。ポップな色味のカーペットなど、"レトロかわいい"であふれています。絶景を望める窓の大きさも魅力です。

PUBLIC SPACE

歌舞伎町との"グルーヴ"を感じる

館内には、高揚感ある歌舞伎町との"グルーヴ"を感じる仕掛けがたくさん。以前のボウリング場の雰囲気をあしらったランドリールームなど、意外な場所でも楽しめます。

3.新宿にゆかりのある著名人がセレクトしたレコードの壁 4.ランドリールームもお見逃しなく

待ちに待ったレイトショー

食後にはジェラート♡

夜景と共にディナーも

夜も元気なタワーを散策

21:00 MOVIE

19:00 DINNER

2 1

3

NIGHT LIFE

映画館からのバーで
完璧なヒトリノ夜

タワー内の映画館「109シネマズ プレミアム新宿」では、ほかとは違うラグジュアリーな映画鑑賞が叶います。鑑賞前にはおしゃれなラウンジでくつろげて、席は全席プレミアムシート。こだわりの音響も圧巻で、映画の世界に没入できました。その後、興奮冷めやらぬままバーへ。完璧なプランに、心の中でガッツポーズしました。

1.鑑賞者専用ラウンジ
2.「JAM17BAR」のカクテル
3.全席ゆったりとしたプレミアムシート 4.ラウンジでは、ポップコーンやソフトドリンクは無料

4

よく遊びました◎

☐ 11:00 CHECK OUT

コーヒー飲んでゆったり

ベッドから朝焼けを

☐ 6:30 ROOM

バーで映画の余韻に浸ります

☐ 23:00 BAR

独り占めした、私だけの絶景

ロボットの後ろ姿

備品を頼んだら、ロボットが届けてくれました。思わず手を振りたくなるような、哀愁を感じる後ろ姿が愛おしい。

ここに泊まってるのか!

共用テラスからタワーを見上げた時、ここに泊まってるのか!と興奮しました。デザインは"噴水"がモチーフだとか。

漫画「おひとりさまホテル」第4巻で紹介されています

[東京・新宿]

HOTEL GROOVE SHINJUKU, A PARKROYAL Hotel

ホテル グルーヴ シンジュク ア パークロイヤル ホテル

西武新宿駅前にあり、歌舞伎町観光の拠点に最適。ホテル内にはイタリアンスタイルのダイニング、バー、ジェラートショップがある。ルーフトップテラスも。

☎03-6233-8888
📍東京都新宿区歌舞伎町1-29-1
　東急歌舞伎町タワー 18・20 ～ 38F
🛏538室 ⏰IN15:00 OUT11:00
🚃西武新宿線西武新宿駅から徒歩1分

おひとりステイ

1人1泊
3万円～
（朝食付）

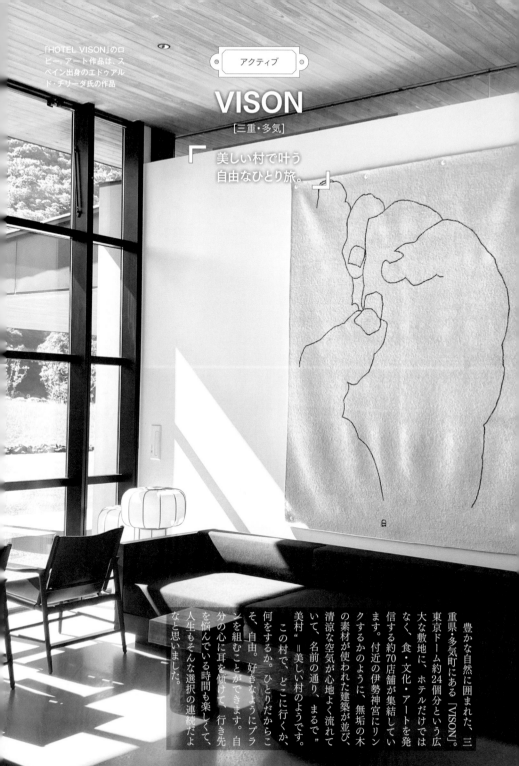

「HOTEL VISON」のロビーアート作品は、スペイン出身のエドゥアルド・チリーダ氏の作品

VISON
[三重・多気]

「美しい村で叶う
自由なひとり旅。」

豊かな自然に囲まれた、三重県・多気町にある「VISON」。東京ドーム約24個分という広大な敷地に、ホテルだけではなく、食・文化・アートを発信する約70店舗が集結しています。付近の伊勢神宮にリンクするかのように、無垢の木の素材が使われた建築が並び、清涼な空気が心地よく流れていて、名前の通り、まるで〝美村〟＝美しい村のようです。

この村で、どこに行くか、何をするか。ひとりだからこそ、自由。好きなようにプランを組むことができます。自分の心に耳を傾けて、行き先を悩んでいる時間も楽しくて、人生もそんな選択の連続だよなと思いました。

ミュージアムを
気ままに鑑賞

スイーツで心を
満たします

早めに行って
散策開始！

今回のテーマは
人生は選択の連続、失敗
してもいい！ とにかくこ
の旅も"自分で"選ぶ。泊
まるからゆったり、2日間
にわたって満喫します。

◁ 14:00 MUSEUM

◁ 13:00 ARRIVAL

PUBLIC SPACE

"私の好きな"お店へ。ミュージアムめぐりも

とにかく広いので、移動距離を考えてめぐるのがお
すすめ。日帰りも可能ですが、泊まると余裕を持っ
て回れます。私は、調理道具の文化を発信するエリ
ア「アトリエ ヴィソン」が特に好きでした。

1.「D&DEPARTMENT
MIE by VISON」 2.食
の道具をテーマに
した ミュージアム
「KATACHI museum」
3.全体の雰囲気

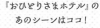

ホテル棟最上階に
ある「IZURUN」。
写真は"海老カツ
バーガー"

GOURMET

ディナーは"美食の街"のメインダイニングで

ディナーは美食の街と言われるスペイン・サンセバスチャ
ンの食文化を感じられるお料理を。体験型のレストランで
演出も面白く大満足！

『おひとりさまホテル』の
あのシーンはココ！

©まろ マキヒロチ／新潮社

「VISON」を俯瞰して見た風景が緻密に描か
れています。なんて広いんだ！

演出の楽しい
ディナーを満喫

大自然の
夕日にうっとり

お部屋のテラスで
くつろぎます

歩いているだけ
で気持ちいい〜

1.多気の木々を眺められる
光陰の湯 2.湯上がり処
「七十二候の間」

緑とアートに囲まれて
お部屋でゆったり

テラス付きのお部屋では、多気町の絶景を味わいながらリラックスして過ごせます。飾られているアート作品にもほっこりして癒されました。

ROOM

ホテル棟の「テラスツインルーム」。半露天の湯船もついている

SPA

自然と一体の温浴施設で
自分を労る

薬草湯が楽しめる温浴施設「本草湯」。露天風呂が、まるで野天風呂のように大自然に囲まれていて、朝風呂が最高に気持ちよかったです。72本の竹を配した湯上がり処で、畳にごろんとひと休みするのとセットでどうぞ。

遊び尽くしました！

バスの時間まで散歩

和定食な朝ごはん

朝の露天風呂は最高です

🗌 12:00 CHECK OUT　　　🗌 8:30 BREAKFAST　　　🗌 8:00 SPA

独り占めした、私だけの絶景

昼から鰻重という選択

ランチにいただいた「鰻重」。ひとりだから誰の顔色も伺うことなく豪快にいけて、たまの贅沢を楽しみました。

この時、この瞬間

エントランスには、大きな水盤が。西陽が差してできた光の陰影と、それが水面に映る姿が美しくてうっとりしました。

[三重・多気]

VISON
ヴィソン

美食ストリートの「サンセバスチャン通り」、産直市場「マルシェ ヴィソン」、日本の伝統食材の工房・専門店「和ヴィソン」など多彩なグルメスポットも話題。伊勢から車で約20分。

☎0598-39-3190
📍三重県多気郡多気町ヴィソン672-1
🚗JR多気駅から車で15分

HOTEL VISON
ホテル ヴィソン

☎0598-39-3090
📍三重県多気郡多気町ヴィソン672-1 ホテルヴィソン
🛏155室 ⏰IN15:00 OUT11:00

おひとりステイ

テラス
ツインルーム

1人1泊
3万2500円〜
（朝食付）

偏愛ひとりホテル
〜グッズ編〜

私がひとりホテルで、これまた楽しみにしているのがショップ。先のロゴがあしらわれているグッズはもちろん、お部屋で使ってみて気になったアメニティや備品、そしてまさかの逸品まで！ありとあらゆるものが販売されています。行くたびに新しいグッズも出ていたりするので、毎回見逃せません。そして私は、何でもすぐ欲しくなってしまうので、時々アンケートに「○○のグッズ化希望！」なんてリクエストを書くこともあります。みなさんも、ホテルの余韻をお家でも味わってみてはいかがでしょうか？

東京エディション虎ノ門のバスローブ

あまりのふわふわ感に虜に。濡れたまま羽織れる便利さにも病みつきになり、お風呂上がりのマストアイテムとなりました。

LOGの「ムラのいす」

インドで職人さんが丁寧に手作りしていて、網目などディテールが美しいイス。LOGのあの質感、光景が蘇ってきて眺めては癒されています。

> P.16

赤倉観光ホテルのオリジナルギフト缶

購入したグッズを、別売りのギフト缶に詰められるという画期的なアイデア！ にしても両方かわいすぎませんか。このままずっと飾っておきたい…。

> P.110

富士屋ホテルの『We Japanese』

日本文化を外国人に伝えるために、富士屋ホテルで販売していた本。1964年当時の未使用版が買えるなんて夢のよう！ ロマンがあります。金谷ホテル歴史館で販売しています。該当のものは、山口正造のアイデアが形になった本です。

> P.96,102

Ace Hotel Kyotoのトートバッグ

これを持って歩いていると、よく話しかけられて「エースホテルいいですよねぇ」なんて会話が弾むことも。本当、いいですよねえ。

> P.26

日光金谷ホテルのトラベルノート

トラベラーズカンパニーとのコラボレーション品。中のリフィルのページには昔のマップも描かれていて、ファンにはたまらない一冊です！

> P.102

OHITORI HOTEL

\ わたしの気分別 /

Chapter.

5

街と楽しみたいホテル

ホテルに籠ってゆったりするのもいいけれど、街を楽しみながら滞在するホテルステイもいいですよね。しかも、ホテルが街のメディアのようになっているからこそ、泊まることでその街をより楽しめることもあります。さあ、"ひとりホテル旅"に出かけてみませんか？

隅田川テラス

PAPIER TIGRE

HAMACHO HOTEL

東京・日本橋浜町

HAMACHO HOTEL

HAMACHO HOTEL の
「CORNER DOUBLE
ROOM」

[東京・日本橋浜町]
HAMACHO HOTEL
ハマチョウ ホテル
☎03-5643-1811
📍東京都中央区日本橋浜町3-20-2
🛏170室 💰1人1泊1万6000円〜（朝食付）
🕐IN15：00 OUT11：00
🚃都営新宿線浜町駅から徒歩6分

ホテルのおかげで、
"私の街"を好きになる

　生まれ育った東京を好きになれたのは「HAMACHO HOTEL」がきっかけでした。最初に興味をもったのは、日本橋浜町の街。雑誌で見てよさそうだなと思い遊びに行ったら、「東京にも、こんなに落ち着ける場所があるんだ」と衝撃を受けて。それから程なくして、この街にホテルがオープンしたと聞き、すぐに泊まりに行きました。あまりの居心地のよさに、今や累計100泊以上。街もホテルも、すっかり"マイホーム"となり、ここへ来る度に「ただいま」と呟いています。

　どこが好きか語ればキリがないのですが、とにかく心地いいのです。お部屋に降り注ぐ自然光やたくさんの緑に癒されて、下町ならではの温もりにホッとして。住んでいる街に泊まるなんてもったいない！と思う方もいるかもしれませんが、泊まるから見えてくる"景色"があります。それもひとりで五感を研ぎ澄ませば、きっとなおさら。

建物全体を囲む緑が見える、ホテルのロビー

1
14:00 CHECK IN

緑に囲まれた
"都会のオアシス"に癒される

建物全体が緑に覆われていて、中に入った瞬間に癒されます。ひとまず荷物を預け、ホテル内にある"街のダイニング"へ。気持ちいいカウンターで仕事しつつ、くつろぎます。

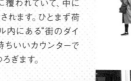

一面の緑が広がる窓際のカウンター席。電源プラグもある

「HAMACHO DINING&BAR SESSiON」内観

こんな時間から
ベッドで寝転が
るのもいい

2

15:00 ROOM

お部屋でリラックス

自然光や緑に包まれる、心地のいい
お部屋でリラックス。読書するもよ
し、"昼寝"するもよし。自分のスタイ
ルで、思いっきりくつろぐ。

「CORNER DOUBLE
ROOM」は大きな二面の
窓で囲まれ、まるで森の
中のよう

コーヒーに合う
カフェフードも
おいしい

3

16:00 CAFE

おいしいコーヒーを飲みに行きます

ホテル目の前の、シドニー発のコーヒーロース
ター「Single O Hamachō」へ。この街らしい開
放的な空間で、こだわりの一杯をいただきます。

Single O Hamacho

シングル オー ハマチョウ

☎03-4361-0479
📍東京都中央区日本橋浜町3-16-7
🕐7:30 〜 19:00、土・日曜は8:00 〜　困不定休

nel CRAFT CHOCOLATE TOKYO

ネル クラフト チョコレート トーキョー

☎03-5643-7123　📍東京都中央区日本橋浜町3 -20-2
HAMACHO HOTEL 1F
🕐10:00 ～ 18:00（LO17:00）🈂不定休

店内では、チョコを用いたドリンクやパフェも楽しめる

4

16:30　SHOP

素敵な文具にときめく

パリ発の文具を中心としたプロダクトブランドの直営店。カラフルで幾何学的なデザインが目を惹きます。"私"や大切な人に贈りたくなるひと品に出合えるはず。

オープンな雰囲気でふらっと立ち寄りやすい

PAPIER TIGRE

パピエ ティグル

☎03-6875-0431　📍東京都中央区日本橋浜町3-10-4
🕐12:00 ～ 18:00、土・日曜・祝日は～ 19:00
🈂月・火曜（祝日は営業）

5

17:00　SHOP

大好きな
チョコレート屋さんへ

ホテルに戻り、「手しごと」と「日本らしさ」がコンセプトのチョコレートを"自分好み"にセレクト。美しいショーケースの前で、どれにしようかなと迷う時間も幸せです。

6

16:30　ROOM

17:30　ROOM

チョコレートを味わいながら
お部屋でまどろむ

夕日に包まれて、チョコレートを一粒ずつ大切にじっくり味わう、夢うつつな時間を。たまには自分を甘やかす時間も大事ですね。時間がゆっくり溶けていきます。

1.自分で選んだチョコの詰め合わせをチョイス 2.夕暮れどきのお部屋も美しい

7

19:30　DINNER

**ディナーは独特の世界観に
惹かれるワインバーへ**

ナチュールワインをよりおいしく味わ
うため、グラスの代わりに土器や貝
殻！でいただきます。このスタイルに
行き着いた、店主さんの"ワイン哲
学"を聞くのも楽しいです。

1.ワインに合わせ
て土器や貝殻が提
供される 2.少量
で多種類を食べら
れるプレートはひ
とり向けでいい

ヴィネリア イル パッサッジョ
☎03-3666-2811
📍東京都中央区日本橋浜町2-49-7
🕐11:30 〜 13:30頃、18:00 〜 23:00頃
困日曜、土曜のランチ

8

23:00　NIGHT

ホテルに戻って就寝

ほろ酔いでベッドにダイブ。
テレビや携帯を見てゴロゴ
ロするいつもの時間が、今
日は贅沢に感じます。夜更
かししたくなるけど、明日の
ためにおやすみなさい。

夜のお部屋。ライト
アップされる緑もい
い

10

隅田川沿いは遊歩道が整備されていてベンチもある

11:00 CHECK OUT

2度寝もそこそこにチェックアウト

お部屋に戻って、2度寝を。早く起きた朝は、ホテルで必ずやります。当然ずっと寝てるわけにもいかず、泣く泣くチェックアウト。またね〜。

8:00 BREAKFAST

隅田川で、朝食を

朝は、近くのベーカリー「Boulangerie Django」へ。大好きなダークチェリーのデニッシュを片手に、隅田川沿いをお散歩します。なんて気持ちいい朝！

木の温もりが感じられるホテルロビーのスペース

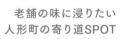

Boulangerie Django
ブーランジェリー・ジャンゴ

☎03-5644-8722
📍東京都中央区日本橋浜町3-19-4
🕗8:30 〜 18:00　困水・木曜

老舗の味に浸りたい人形町の寄り道SPOT

柳屋
やなぎや

大正5年創業。"東京三大鯛焼き"のひとつにも数えられるお店ですが、実はアイス最中も絶品。サクッとした皮の食感が最高です。

☎03-3666-9901　📍東京都中央区日本橋人形町2-11-3
🕗12:30 〜 18:00　困月・日曜

㐂寿司
きずし

大正12(1923)年創業、貫禄を感じるかっこいいお寿司屋さん。ひとりで暖簾をくぐるのはちょっと緊張するけれど、それもまたいいんです。

☎03-3666-1682　📍東京都中央区日本橋人形町2-7-13
🕗11:45 〜 14:30、17:00 〜 21:30　土曜は11:45 〜 14:30、17:00 〜 21:00　困日曜・祝日、木曜不定休

瀬戸田の柑橘ジュース

レモンの木と瀬戸大橋

商店街で眠る猫

瀬戸田の夕景

泊まったお部屋
「Terrace Studio」

広島・瀬戸田

×

SOIL Setoda

[広島・瀬戸田]

SOIL Setoda

ソイル セトダ

☎0845-25-6511

📍広島県尾道市瀬戸田町瀬戸田254-2

🛏9室+ドミトリー 4ベッド

💰1人1泊1万4000円〜

🕐IN16：00 OUT11：00

🚶瀬戸田港から徒歩1分

152

何もしない贅沢を味わう
大人の夏休み

　実は、私のフォロワーさんたちの間でも人気が高い"ひとり島旅"。私も何度かやっているのですが、ある種の"何もしない贅沢"を味わえるのが最大の魅力だと感じています。

　そんなひとり島旅の醍醐味を教えてくれたのが、しまなみ海道の中心・生口島瀬戸田町の港のすぐそばにある「SOIL Setoda」でした。ホテル、レストラン、セレクトショップなどの複合施設で、ここ自体がもう街のよう。泊まりながら、常に瀬戸田を感じることができます。私が直近で訪れたのは、2023年の夏。夏真っ盛りだったこともあって、島旅らしさを存分に味わうことができました。お部屋のテラスで柑橘ジュースを片手に景色をぼーっと眺めたり、海風に吹かれながらサイクリングをしたり。これぞ、理想の"大人の夏休み"。都会の喧騒に疲れたら、また充電しに行きたいなと思います。

柑橘ジュースを、お部屋のテラスで

1
16:30 CHECK IN

瀬戸田を感じる
お部屋のテラスでまったり

尾道から船で40分。港のそばなので、着いてすぐにチェックインして、お部屋のテラスでくつろぎます。ここからのんびり、穏やかな瀬戸田の景色を眺めるのが最高に気持ちいい。

1.下から見る「Terrace Studio」のテラス 2.アーチの扉がかわいいクローゼット 3."瀬戸田色"の内装にもときめく

2
17:30　TOWN　🔭

柑橘ジュース片手に
商店街をぶらり

商店街をあてもなく歩いていると、レトロな看板に癒されます。夕飯前なのに、ついついお肉屋さんのコロッケの誘惑に負けそうに。

1.ベンチに座って飲んだ柑橘ジュース **2.**こんな看板に気付けるのもひとり散歩ならでは

3
18:30　DINNER　🍴

瀬戸田の恵みを
感じるディナー

夜は、地元の農家や漁師から仕入れた旬の食材を生かした、薪火料理のショートコースを。食事を待つ間、外に出て見たサンセットの美しさは忘れられません。

1.「MINATOYA」が入る建物は、新築だが街に溶け込む建築。2階にはホテルの客室もある **2.**美しいサンセット **3.**牡蠣グラタン

MINATOYA
ミナトヤ

☎0845-25-6511
📍広島県尾道市瀬戸田町瀬戸田254-2
🕐8:00 ～ 16:00、18:00 ～ 21:00 ㊡水曜、第1水曜のランチ

4
20:00 SPA

島の銭湯で"ととのう"

ホテル近くの銭湯「yubune」へ。サウナとお風呂でととのった後の、帰り道の満天の星空と、湯上がりの八朔ドリンクまで完璧でした。

壁一面には、瀬戸田の情景が描かれたモザイクアートが

yubune
ユブネ

☎0845-23-7917
📍広島県尾道市瀬戸田町瀬戸田269
🕐7:00 〜 22:00、日帰り入浴は10:00 〜 20:00（最終入場19:30）※曜日により異なる
困無休 💰900円（時期により異なる）

サウナ後にぴったりの八朔のリフレッシュドリンクは因島の農家、comorebi farmのもの。ひふ、み（→P.156）で購入

5
7:00 ROOM

早起きして、朝日を浴びる

いつもよりちょっと早起きして、ベッドに横たわりながら朝日を浴びます。"何もしない"朝の贅沢を味わえるのも、ここならでは。

ベッドの向かいに窓があり、寝ながら景色を楽しめる

Overview Coffeeのドリップバッグのコーヒー

7

11:30　LUNCH 🍴

ランチに、
お弁当をテイクアウト

お部屋で幸せの"2度寝"をしたら、
先の朝食の惣菜を手掛けていた「ひ、
ふ、み」でお弁当をテイクアウト。こ
れ本当においしいんです。

「ひ、ふ、み」の
お惣菜定食

ひ、ふ、み　　　　　　お弁当は11時から販売
☎0845-25-6111
📍広島県尾道市瀬戸田町瀬戸田259-2
🕐10:00〜19:00 困月曜

6

8:30　BREAKFAST 🍴

朝ごはんは、港の食堂で

朝は、昨夜と同じ「MINATOYA」へ。
素朴で優しいお味のお惣菜定食が、
体に染み渡ります。あ〜島の朝ごは
ん、最高ですね。

8

12:30　TOWN 🔭

いざ、サイクリングへ！

準備が整ったら、自転車を借りて
サイクリングへ出発。島の空気を吸
い込んで、移りゆく景色を堪能しま
す。最高〜！

9

13:00　BEACH

ビーチで青空ピクニック

白い砂浜が広がる「瀬戸田サンセットビーチ」でランチ。サイクリングの折り返し地点としてもちょうど良い距離で、おすすめです!

1.澄んだ美しい海 2.夏は海水浴を楽しむ客で盛り上がっている

10

14:00　MUSEUM

瀬戸田の情景を絵画で振り返る

最後は、瀬戸田出身の戦後を代表する日本画家・平山郁夫氏の美術館へ。郷土愛を感じる、しまなみ海道の絵画を見ながら、今回目にした景色の数々を振り返ります。(展示内容は展覧会により異なる)

広い庭園はひょうたん島を中央に瀬戸内海の風景を表している

館内からも庭園を眺めることができる

平山郁夫美術館

ひらやまいくおびじゅつかん

☎0845-27-3800
📍広島県尾道市瀬戸田町沢200-2
🕘9:00 ～ 17:00(最終入館16:30)
無休 1000円～

ふくら舎　　街なかのシーサー

GARB DOMINGO　CONTE　　浦添市美術館

沖縄・那覇 ほか

×

ホテル アンテルーム 那覇

ホテル アンテルーム 那覇の「ダブルルーム」のテラスで夕日を眺める

158

ひとりで沖縄を楽しむということ。

　初めての"ひとり沖縄"で宿泊したのが「ホテル アンテルーム 那覇」でした。大好きなUDSという会社が手掛けていて、名和晃平氏が率いる「SANDWICH」によるディレクションのもと、館内には"沖縄を感じる"アートが点在しています。オーシャンビューとともにアートをじっくり堪能するのは、ひとりならではの楽しみ方かもしれません。また立地も、泊港の近くで、とても静か。コンパクトなサイズ感のお部屋もあって、"ひとり沖縄"の拠点にもってこいです。

　「とはいえ、沖縄ってひとりで楽しめるの…?」という声が聞こえてきそうですが、実は私もそう思っていたひとり。でも、いざ蓋を開けてみたら、ひとりだから見える沖縄の景色があって、リゾート地ではない"街"を楽しむことができました。街並みも、建築も、食べ物も、器も、ATMでさえも。よく見ると全てが沖縄流。築かれた独特な文化を味わうひとり沖縄旅、今年も絶対行きたいと思っています。

1."旬のアート"を楽しめる企画展 2.沖縄の大自然ともリンクするような作品「RED DOT(BIO)」3.海を眺めながら、ビュッフェ式の朝食 4.ダブルルームは"おひとりサイズ"

[沖縄・那覇]
ホテル アンテルーム 那覇
ホテル アンテルーム なは
☎098-860-5151
📍沖縄県那覇市前島3-27-11
🛏126室 ￥1人泊ダブル1万2000円〜(朝食付)
🕐IN15:00 OUT11:00
🚃ゆいレール美栄橋駅から徒歩12分

『おひとりさまホテル』の名シーンはココ!

©まろ マキヒロチ／新潮社

若葉ちゃんが朝食を食べていた窓際の席。船が行き交う港の景色が見られて、私もお気に入りです!

🏛 ミュージアムを訪ねる

ひとり旅では、その土地を知るために美術館へよく行きます。沖縄の美術館も、やっぱり沖縄らしく、その美しさに魅了されました。

ひとり沖縄 SPOT

あらゆる場所で沖縄の文化を嗜みましたが、特に印象的だったのは器屋と美術館。ひとりでじっくり時間をかけて向き合えたからこそ、見えてくるものがありました。

1.外観 2.館内にはカフェも
3.クバの木をイメージした柱が印象的

沖縄県立博物館・美術館（おきみゅー）
おきなわけんりつはくぶつかん びじゅつかん おきみゅー

建物は沖縄のグスク（城）をイメージ。館内にはクバの木（ビロウ）をイメージした柱が並び、木漏れ日が差し込む光景にはうっとりします。

☎098-941-8200 ●沖縄県那覇市おもろまち3-1-1 ⏰9:00～18:00（最終入館17:30）、金・土曜は～20:00（最終入館19:30）困月曜（祝日の場合開館、翌平日休）、そのほか困展示により異なる

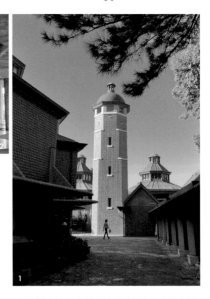

1.展望室のある展望塔 2.ピロティ
3.展望室からの景色

浦添市美術館
うらそえしびじゅつかん

八角形のドーム屋根と高い塔の、不思議な建築に魅了されます。南国ならではの装飾が美しい琉球漆器は、じっくり目を凝らしたい逸品です。

☎098-879-3219 ●沖縄県浦添市仲間1-9-2 ⏰9:30～17:00（最終入館16:30）、金曜は～19:00（最終入館18:30）困月曜 ¥300円

1.地元市民に愛される桜坂劇場はレトロな外観 2.器が並ぶ店内

1.買ったお皿 2.ターコイズブルーの壁が美しいお店の2階

ふくら舎
ふくらしゃ

桜坂劇場の2階には、厳選された沖縄各地の工芸品が並びます。作り手ごとの並びで分かりやすく、お気に入りの作家さんが見つかりました。

☎098-860-9555（桜坂劇場）◉沖縄県那覇市牧志3-6-10 桜坂劇場⏰10：00〜最終上映終了後まで（23：30〜24：00頃）⊠無休

GARB DOMINGO
ガーブ ドミンゴ

沖縄の旬の作家ものが並ぶセレクトショップ。私は店に入った瞬間にひと目ぼれした「Nantan Pottery」さんのお皿をお持ち帰り。

☎098-988-0244◉沖縄県那覇市壺屋1-6-3 ⏰9：30〜13：00、14：30〜17：00⊠水・木曜

1.愛用している照屋佳信氏作の茶碗 2.花瓶やコップなどを購入

1.カフェラテと3種のナッツのタルト 2.日が差し込む美しい店内

琉球民芸ギャラリー鍵石
りゅうきゅうみんげいギャラリーキーストン

一見、観光客向けのおみやげ屋に見えますが、中に進むとお宝の山が。夜遅くまで営業していて、飲んだ後に立ち寄ると爆買いしてしまうので要注意！

☎098-863-5348◉沖縄県那覇市久茂地3-2-18⏰9：00〜22：30⊠無休

CONTE
コント

首里の裏路地で、沖縄の食にまつわる"物語"を提供するレストラン＆カフェ。食事中に器を愛でることができるほか、ショップで購入もできます。

☎098-943-6239◉沖縄県那覇市首里赤田町1-17 ⏰11：00〜17：00（LO16：00）⊠月・水曜

沖縄の自然を連想させる"やちむん"（焼き物）の虜に。これをきっかけに、ほかの場所で"ひとり器旅"をするようにもなりました。

"やちむん"をめぐる

音信川に浮かぶ「川床テラス」

ランチは名物の
瓦そばを

「界 長門」の
食事処

山口・長門

×

界 長門

「界 長門」のご当地部屋
"長門五彩の間"

162

温泉街を楽しむ
ひとり温泉のすゝめ

　それまで、"私のひとり温泉"は、お宿にこもって温泉に浸かり、おいしいお食事を味わって、ゆったり過ごすというのが定番スタイル。でも、先日泊まった山口県・長門湯本温泉の「界 長門」が、お宿だけでなく、温泉街をまるごと堪能する楽しさを教えてくれました。

　実はお宿は、長門市と星野リゾートが一体となって始めたプロジェクト「温泉街リノベーション」の一環で建てられたもの。なので、街と一体化していて、"温泉街をそぞろ歩く"もコンセプトになっています。情緒ある温泉街の魅せ方も工夫されていて、川沿いを歩きやすいように歩道が整備されていたり、川の前でゆったりくつろげる"川床テラス"があったり。新たな飲食店も軒を連ね、かつての賑わいを徐々に取り戻しています。お宿で休みつつ、時々街に出て散策し、自分のペースでお宿と街を行ったり来たり。こんなに両方を贅沢に楽しめるなんて！あまりの充実ぶりに、何泊もしたいと思える場所でした。

お宿のロビー。右側には桜の枝があしらわれた絵が

←

ロビーの大きな窓から見える一面の桜。窓枠は屏風に見立てたデザイン

[山口・長門]
界 長門
かい ながと

☎050-3134-8092（界予約センター）
📍山口県長門市深川湯本2229-1
🛏40室 💴1人1泊3万2000円〜（2食付）
🕐IN15:00 OUT12:00
🚃JR長門湯本温泉駅から徒歩15分

1

12:00 ARRIVAL

あたり一面
満開の桜がお出迎え！

新山口駅から出ている、便利な温泉街への直行バスで到着。ちょうど桜満開の時期と被り、ロビーの窓には一面の桜が！この景色を一層引き立てる設えも素敵で、感動。

温泉街側の入り口の門。建物は「藩主の御茶屋屋敷」をイメージしている

2

12:30 LUNCH 🍴

焼き鳥で"ひとり花見"を

早速、荷物を預けて温泉街へ。「焼鳥 さ
くら食堂」で串をテイクアウトして、川床
テラスでひとり花見。川のせせらぎと、散
りゆく桜の"花筏"に癒されました。

焼鳥さくら食堂
やきとりさくらしょくどう
☎0837-25-3660
📍山口県長門市深川湯本1272-6
🕐11:00 〜 14:30(LO14:00)、
　17:00 〜 22:00(LO21:30)
休木曜

"花筏"と焼き鳥。風情ある光
景にうっとり

3

14:00 SWEETS ☕

スイーツにどら焼きを

食後のスイーツには、お宿
に併設する「あけぼのカフ
ェ」のどら焼きとカフェラテ
を。宿泊者専用の川床テラ
スで、温泉街の情緒を味わ
いながらいただきました。

1.川床テラスでくつろ
ぐ私。お宿のスタッフ
さんが撮影して下さい
ました 2.どら焼きは
季節限定の桜味

4

15:00 ROOM

お部屋に戻って休憩

温泉街の一等地にあるから
こそ、疲れたらすぐにお部屋
で休めるのが最高でした。
それも、自分のペースで。こ
れぞ、ひとり旅の醍醐味！

山口市の無形文化財である、カラ
フルな徳地和紙のヘッドボード

5

16:00 CAFE ☕

美しい萩焼に
触れるギャラリーへ

"充電"後は、萩焼のギャラ
リーカフェへ。お気に入りの
作家さんの茶器で、おいし
いお抹茶をいただけて幸せ
でした。ひと目ぼれした湯
呑みも購入して大満足！

cafe & pottery 音
カフェ＆ポタリー おと
☎0837-25-4004
📍山口県長門市深川湯本1261-12
🕐10:00 〜 16:00　休水・木曜

お店は音信川沿いに立つ古民
家を改装。設えが美しい

1. 牛と旬菜の瓦焼き
2. 内湯のほかに露天風呂も

6

17:00　SPA&DINNER 🍴

温泉とお食事に癒される

お部屋に戻って温泉へ。源泉掛け流しのお湯はぬるめで、じっくり浸かることができました。夜ごはんは"牛と旬菜の瓦焼き"を。地酒も嗜んで、心身ともに満たされました。

7

20:00　WALK 👀

夜の温泉街をそぞろ歩く

提灯片手に、夜の温泉街をお散歩。ライトアップされた橋と夜桜がとても美しく、日中とはまた違った景色に感動しました。

ライトアップされた桜と橋。スタッフによるガイドは週末に開催

9

11:30　SPA 🛁

帰る前にもうひとっ風呂

チェックアウト後は、長門湯本温泉の原点である元湯の温浴施設へ。古代より湧き続ける「神授のお湯」にじっくり浸りました。

長門湯本温泉 恩湯
ながとゆもとおんせん おんとう
☎0837-25-4100
📍山口県長門市深川湯本2265
🕐10:00~22:00 休第3火曜（祝日の場合は変更あり）料990円

温泉が湧く岩盤の上には住吉大明神像が祀られている

1. 桶盛り朝食 2. "早朝参拝そぞろ歩き"は毎朝開催

8

7:00　MORNING 🍴

朝は住吉神社を参拝

少し早起きして、長門湯本温泉の開湯の起源となった、住吉大明神を祀る住吉神社を参拝。お散歩後はおいしい朝食でお腹を満たします。

「松本ホテル花月」のライブラリー

松本の街並み

松本民芸館

松本ひとり旅で購入したもの

長野・松本

× 松本ホテル花月

「松本ホテル花月」のロビー

セミダブルルームの客
室。ここで旅の品を眺
めるのがいい

1.ホテルの喫茶室「八十六温館」。
松本民芸家具の設えが美しい
2.旅の疲れを癒す大浴場がある
のもうれしい 3.階段の風景
4.喫茶室のコースターには柚木
沙弥郎氏のイラスト

[長野・松本]
松本ホテル花月
まつもとホテルかげつ
☎0263-32-0114
📍長野県松本市大手4-8-9
🛏85室 💴1人1泊2万2880円〜（2食付）
🕐IN15：00 OUT11：00
🚉JR松本駅から徒歩15分（送迎サービスあり）

"泊まれる民藝"で
旅の余韻に浸る

　北アルプスや美ヶ原高原など、豊
かな自然に囲まれる長野県・松本市。
その山並みと、城下町の名残をとど
める情緒ある街並みがあいまった光
景は実に美しく、歩いているだけで心
が洗われます。その美しさは景色だ
けでなく、暮らしの中にも。滞在して
いると日常こそ大事にしたい、という
気持ちに駆られます。

　そんな松本の象徴といっても過言
ではないのが、"民藝"です。「美は
暮らしの中にある」と提唱する柳宗
悦氏の民芸運動に共感した丸山太郎
氏は、民藝品を集めながら、自らも
制作に勤しみ「松本民芸館」を創立。
以来、松本では"用の美"を大事に
する文化が育まれ、今もクラフトの街
として発展しています。その民藝館に
足を運びつつ、手工芸品に触れたり、
民藝品がところ狭しと飾られたお店
に足を運ぶのが好きです。「松本ホテ
ル花月」も、喫茶室やロビーなどが
松本民芸家具で彩られていて"泊ま
れる民藝"がテーマ。旅の思い出を
振り返るにはぴったりのホテルです。

民藝をめぐる

見るだけではなく、実際に民藝に触れられるのが松本のいいところ。ひとりでじっくり、民藝の世界に浸ってみてください。

1.世界各国の櫛 2.建物の梁も印象的な2階のエリア

1.お店は趣が残る中町通りにある 2.いるだけで楽しい空間

松本市立博物館分館 松本民芸館
まつもとしりつはくぶつかんぶんかん まつもとみんげいかん

「美しいものが美しい」創設者の丸山太郎の言葉通り、展示物に説明書きがなく、"自分の直感"で民藝品の美しさを感じることができます。

☎0263-33-1569
📍長野県松本市里山辺1313-1 ⏰9:00〜17:00（最終入館16:30）休月曜（祝日の場合は開館、翌平日休）料310円

ちきりや工芸店
ちきりやこうげいてん

松本民芸館の後に、立ち寄りたいお店。器やバッグなど日常に取り入れたい民藝品が揃っていて、自分の目で見て、触れることができます。

☎0263-33-2522
📍長野県松本市中央3-4-18 ⏰10:00〜17:30 休火・水曜

1.手作りケーキとコーヒー 2.ステンドグラスのランプシェードも素敵

1.民芸館で買った本と珈琲 2.明治21年建築の建物の趣も感じられる

喫茶室 八十六温館
きっさしつ やとろおんかん

「松本ホテル花月」の喫茶室。松本民芸家具に座りながら、一杯一杯丁寧にネルドリップで淹れたコーヒーやおいしい手作りケーキをいただけます。

>P.167

珈琲まるも
コーヒーまるも

松本民芸家具の創立者とされる池田三四郎氏が設計。クラシック音楽が流れる店内で、使い込まれた美しい民芸家具に腰掛けて、優雅な時間を過ごせます。

☎0263-32-0115
📍長野県松本市中央3-3-10 ⏰9:00〜16:00 休月・火曜

おいしい松本

名水が流れる街だからこそなのか、松本は"おいしい"であふれています。古きも新しきも味わえる個性豊かなお店たちを、どうぞ。

1. 山屋御飴所
やまやおんあめどころ

寛文12(1672)年創業の老舗飴店。創業以来作り続けている米飴を主原料とした、素朴で優しい甘さの飴は、レトロな民芸調のデザインにも惹かれます。

☎0263-32-4848
● 長野県松本市大手2-1-5 ⏰9:30 〜 17:30
休水曜

2.3.4 開運堂
かいうんどう

柚木沙弥郎氏のイラストの箱がかわいくてパケ買い。見た目だけでなくおいしいのも魅力です。右からウェストンビスケット、ビジュトリー、ナッツロール。

☎0263-32-0506
● 長野県松本市中央2-2-15 ⏰9:00 〜 18:00
休無休

時代遅れの洋食屋 おきな堂
じだいおくれのようしょくや おきなどう

老舗洋食屋で、昔懐かしい味をいただくことができます。私のお気に入りは、デミグラスソースのかかったオムライス。昼夜問わずよく利用しています。

☎0263-32-0975
● 長野県松本市中央2-4-10
⏰11:00 〜 15:30(LO15:00)、17:30 〜 21:00(LO20:30)、日曜は11:00 〜 18:30(LO18:00) 休第2・4水曜

mealstop
ミールストップ

昼から優雅にワインと、定食をいただきました。アペロを楽しむ人、お茶する人…お客さんが、それぞれのスタイルで楽しんでいて心地よかったです。

☎なし
● 長野県松本市城東1-2-15
⏰11:30 〜 18:00 休火曜、不定休

珈琲玉澤
佐原三菱館

佐原の景観

千葉・佐原
×

佐原商家町ホテル NIPPONIA

「佐原商家町ホテル
NIPPONIA」YATA
棟101の2階部分

佐原の街が、ひとつのホテルに。
古民家で暮らすように滞在する

　川沿いに町家や土蔵が立ち並び、江戸の風情が今も残る千葉県・香取市佐原。「佐原商家町ホテルNIPPONIA」は、佐原の街をゆるやかに"ひとつのホテル"と見立てていて、築100年超の商家を含む13の棟が街に点在しています。時を重ねた趣ある古民家を贅沢にも独り占めして、ゆったり静かに過ごしたり、ぶらり街歩きに出掛けて美しい水郷の景観にうっとりしたり。お部屋でも外でも、佐原の街に溶け込むように滞在ができるのが魅力的です。

　私のお気に入りは、YATA棟101のお風呂。内湯の檜風呂と、天井が少し開いている半露天の五右衛門風呂の両方を、自由に行き来して、何度も堪能しました。五右衛門風呂に入りながら、天井を眺めてふ〜っと息を吐くと、日頃のあれこれも吹き飛びます。

　そしてお食事も絶品！ ディナーは、酒粕をはじめ佐原や千葉の味覚を、フレンチスタイルで楽しむことができます。景色や空気、そしてお食事でも、佐原の街を、ぜひひとりでじっくり味わい尽くしてみてください。

半露天の五右衛門
風呂

1.製綿業の商家の母屋だったYATA棟の101。写真は2階ベッドルーム 2.縁側に腰掛けて庭を眺めながらくつろぐこともできる 3.ディナーのお肉は千葉県産かずさ和牛

[千葉・佐原]
佐原商家町ホテル NIPPONIA
さわらしょうかまちホテル ニッポニア
☎0120-210-289
📍千葉県香取市佐原イ1708-2
🛏14室 图1人1泊6万6770円〜（2食付）
🕐IN15：00 OUT12：00
🚃JR佐原駅から徒歩12分

『おひとりさまホテル』の
名シーンはココ！

©まろ マキヒロチ／新潮社

半露天風呂で癒されるふーちゃん。風呂上がりのゆずサイダーは私も真似っこしました。

「OMO5熊本
by 星野リゾート」
のテラス

熊本県立美術館

熊本・熊本

×

OMO5熊本 by 星野リゾート

諸国家庭料理PÁVÁO

古書汽水社

"街ナカホテル"で
誰かの日常にお邪魔する

　仕事で佐賀を訪れた際、せっかくなら九州の別の街にも立ち寄りたいと思い立ち、熊本に行ってみることに。そこで予約したのが「OMO5熊本 by 星野リゾート」でした。「OMO」は、星野リゾートが手掛ける"テンション上がる「街ナカ」ホテル"。その街に熱い思いを持ったスタッフが周辺のおすすめスポットを掲載したマップを作ったり、ディープな街の魅力が分かるツアーを開催したり、街を楽しむコンテンツが充実しています。熊本の一等地にあり、街歩きの拠点にぴったりの立地も魅力です。

　私も街を練り歩き、ローカルの日常に溶け込むような旅をしました。街を走る市電と熊本城のふとした景色に見とれたり、夜にふらっと古本屋さんに立ち寄ったり、常連さんの集うお店に緊張しながら入ったり。そのたびに、活気があって、豊かな暮らしが見えてきて、ああなんて"いい街"だろうとしみじみ。次回はついでではなく、熊本を目指して行きたい、そう思わせてくれる"街とつながるホテル"でした。

1. 凸凹（でこぼこ）テラスからは、熊本城が見える 2.周辺のおすすめマップは館内に掲示。色はお店のジャンルで分かれている

3.客室の壁に沿ってぐるりとテーブルがあることが特徴の「うつわルーム」4.カーテンを通して柔らかい自然光が入る

[熊本・熊本]
OMO5熊本 by 星野リゾート
オモファイブくまもと バイ ほしのリゾート
☎050-3134-8095（OMO予約センター）
📍熊本県熊本市中央区手取本町5-1
🛏160室 ￥1泊1室1万8000円〜
🕐IN15:00 OUT11:00
🚗JR熊本駅から車で15分

ケンコバさんに聞いてみた！ "ひとりビジホ泊"のススメ

©BS朝日

現在BS朝日で放送中の『ケンコバのほろ酔いビジホ泊 全国版』。番組ファンのまろが、"ケンコバ流・ビジネスホテルの楽しみ方"をインタビュー！ケンコバさんならではのちょっと変わった楽しみ方や、迷えるひとりホテルビギナーへの"金言"まで、ケンコバ節をたっぷりお楽しみください！

大きいサウナがあるビジホは高ポイントなのだとか

まろ　番組、いつも楽しく拝見しています！ケンコバさんがビジネスホテルに注目するきっかけは何だったのでしょう？

ケンコバ　職業柄、今まで色々なホテルに泊ってきたけど、駅から近くて便利で、施設によってはサウナがあって、居心地もちょうどよくって、自分にとっては、高級なホテルよりもビジネスホテルのほうがいいんじゃないかなと思ったんですよね。

まろ　最近泊ってよかったところはどこですか？

ケンコバ　実はつい一昨日も泊ったんですけど、熊本のドーミーイン（天然温泉六花の湯 ドーミーイン熊本）。最高でしたね。全ての施設の全部のお風呂に張り紙があって、露天風呂に「虫さんや葉っぱさんが紛れ込んでくること

飾り気のないものを見たら、"ストロングスタイル"だなって

があるので、そっとすくい上げてください」って書いてあるんですよ。なんて素敵なんだって思いました。優しいでしょ。僕は子どもができたら、最初に連れてくるべき所はここちゃうかなって思うんですよね。

まろ　（笑）。確かに葉っぱに「さん」付けしたこととはなかったです！植物だって生きているんだと。

ケンコバ　そう、大切なことを改めて教えてもらいました。露天風呂で。

まろ　そういうケンコバさんの着眼点が好きです。番組でもお部屋の備品チェックをされていますよね。

ケンコバ　色々面白いところがあるんですよ、市販のメモ帳をそのまま置いていたりね。こういうのが意外とあるんです。今日泊っているところも、見てくださいよ、これ（とあるビジネスホテルの一室でインタビューを受けてくれたケンコバさん。傍らのティッシュの箱を取り上げて）。むき出しのティッシュ箱、実家以外で見ることないでしょう。ホテルっていたい、ケースとか付けますよね。そういうところがいいですよね。

まろ　確かにホテルではあまり見ないスタイルですよね（笑）。

ケンコバ　僕はこういうことを、勝手にストロングスタイルって、呼んでいます。プロ

レス用語なんですけど、派手な技ではなく原始的な格闘だけで会場を沸かすことや、そういう精神のことなんかをストロングスタイルって言うんです。色々な技を使うよりも、気持ちが大事。だからビジネスホテルでも、飾り気のないものを見たらついついストロングスタイルって言っちゃう（笑）。

まろ　プロレスファンの目線で初めてプロレスホテルの概念持ち込んだの、僕やと思います。

ケンコバ　はい。ホテル業界に初めてプロレスを見ているんですね！

まろ　すごく素敵な考え方だと思います（笑）。1人でホテルに泊まると、普段は気がつかないようなことにも目がとまって、細かい部分にも気付けるのが楽しいですね。

ケンコバ　そう、人によってはネガティブにとらえちゃうようなことも、ストロングスタイルやなと思ったらポジ

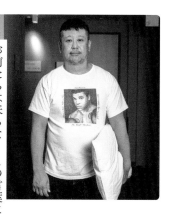

お前たちは来るな！この言葉に「何を!?」と思える人たちだけ立ち上がってほしい（笑）

ティブになりますしね。

まろ　なるほど…！　その通りですね。ケンコバさんは番組で歓楽街を歩くとき、ご自身のアンテナで見つけたお店にどんどん入られますよね。私はなかなか勇気が出なくて。

ケンコバ　最初の一歩目が、勇気がでないだけかもしれないですよ。僕は子どもの頃、正月のお雑煮が出身県や家庭によって味が全然違うと知って、同級生の家を正

月に回り続けたことがありました。友達が出掛けていても、「ちょっとお雑煮だけいただいてもいいですか」って上がり込んで、各家庭でごちそうになっていました。大人たちは笑顔が引きつっていましたけど（笑）。怒られるようなことはなかったですね。それが僕の"飛び込み"デビューです。

まろ　面白すぎます（笑）。好奇心のほうが勝っていたんですね！すごすぎて真似できないかも…。

ケンコバ　確かに初めての店の入りにくさは、僕も感じることはあります。でも実際にやってみると、刃を向けられるようなことはないですよ。

まろ　意外と大丈夫！

ケンコバ　ビジホ泊からの歓楽街というスタイル、なかなか一歩踏み出せないけど挑戦してみたい、という方にアドバイスをお願いします！

ケンコバ　お前たちは来るな。この言葉に「何を!?」

と思える人たちだけ、立ち上がってきてほしいですね（笑）。

まろ　気持ちが大事、やりたい人がやればいい、ということですね。まさにストロングスタイル！

ケンコバ　そういうことでビジホ泊、ぜひストロングスタイル全開でやってみてください！

ひとりビジホ泊のすゝめ

私がひとりでよく泊まっていたり、いいなと思ったビジネスホテルを紹介します。
出張でも、観光でも、ちょっとしたリラックス時間を過ごすでも、使い方は"わたし次第"！

駅近でデザインも素敵！
JR東日本 ホテルメッツ

私が最近、超頻繁に利用しているのがこちら！「JR東日本グループ」が運営する強みを生かした駅近の立地はもちろん、ホテルがショッピングセンター内に併設されている場合もあって、"館内"で楽しめるのが魅力です。そして、お部屋はシンプルながら洗練された空間となっていて、デスクの使い心地もよく、快適に過ごせます。広すぎず、狭すぎず、気持ちのいいコンパクトさが、個人的にはとても気に入っています。

ココがおすすめ

[東京・目白]
JR東日本ホテルメッツ 目白
ジェイアールひがしにほんホテルメッツ めじろ

駅から徒歩1分。一部の客室ではリクライニング機能付きワークチェアやタブレットスタンド、蛍光ペン・ふせんが用意されているなど、テレワークに最適な環境が整っている。

☎03-5985-0011
📍東京都豊島区目白1-4-1
🛏95室 💴1人1泊1万2100円〜
🕐IN15:00 OUT11:00
🚉JR目白駅から徒歩1分

その他のエリア
札幌／宇都宮／横浜／幕張豊砂
渋谷／秋葉原／東京ベイ新木場
など東日本を中心に展開！

立地が最高！

とっても快適♪

朝食にも注目

1.どの施設も駅から至近の立地がうれしい 2.JR東日本ホテルメッツ 目白が特にお気に入り 3.4.朝食は近隣のカフェと提携しているのもポイント

女性に優しい！
リソルホテルズ

洗顔系のアメニティや、ReFaのアイテムが揃うレディースフロアの客室があるなど、女性にも優しいホテルチェーン。明るいデザインも魅力で、イチオシは「ホテルリソル横浜桜木町」。北欧風の内装で、ゆったり安らげます。

> 桜木町駅新南口から徒歩3分！

ココがおすすめ

[神奈川・横浜]
ホテルリソル横浜桜木町
ホテルリソルよこはまさくらぎちょう

リビングロビーに用意されたフリードリンクサーバーや、ツーリストインフォメーション用の大型マップボードなどがあり、観光の拠点にぴったりのホテル。北欧テイストのデザインが特徴で、Refaのシャワーヘッドを全室に完備している。

☎045-662-9269
📍神奈川県横浜市中区太田町6-78
🛏134室
💴1人1泊7000円〜（モダレットルーム）
🕒IN15:00 OUT11:00
🚃JR桜木町駅から徒歩3分

その他のエリア
札幌／上野／池袋／秋葉原
名古屋／京都／佐世保など
全国に！

1.駅チカなのでお出かけにも便利 2.モダレットルームならひとりでゆったりくつろげる

本の世界に浸りたい！
ランプライトブックスホテル

本屋とカフェを併設する、"本の世界を旅する"ホテル。本を読むための環境が整っていて、客室には調光可能なリーディングランプや、オットマンを備えた肘掛け付きソファも。心ゆくまで読書に没頭できます。

> 本好きにはたまらない！

ココがおすすめ

[愛知・名古屋]
ランプライトブックスホテル名古屋
ランプライトブックスホテルなごや

「旅」と「ミステリー」を中心に、約3000冊の書籍をラインナップしている。読書のおともには、片手で食べられる直径6cm程のミニバーガーなどのカフェメニューを。

☎052-231-7011
📍愛知県名古屋市中区錦1-13-18
🛏70室 💴1泊1室4600円〜
🕒IN15:00 OUT10:00
🚃東山線伏見駅から徒歩3分

その他のエリア
札幌／福岡

1.宿泊ゲスト以外も利用できる書店＆カフェ
2.バルコニー付きのモデレートダブル

フォロワーさんから募集した、ひとりホテルのお悩みに私が答えます！解決するかは分かりませんが、何かの参考になれば幸いです。

 お悩み いつもは誰かが
やってくれる
ので・・・

> 方向音痴すぎて
> なかなかホテルまで辿り着けない。
> いつも夫が
> 連れてってくれるから笑
> （れみ）

これすごく分かりますし、実は結構**大事な"気づき"**だと思っています。私もこないだ、「ist-Aokinodaira Field（→ P.92）」にひとりで泊まった時、焚き火をしたんですが、情けないことに自分でやったことがなくて、うまく火がつかなくて。「ああ私は火もつけられない女なのか」と絶望したのですが（笑）、本当普段誰かに任せっきりで、よくないなあと思い

ましたし、それを当たり前にやってくれている周りの人たちに感謝しないといけないなと思いました。逆に、意外とひとりでできた！ なんてこともあって、自信がつくときもありますしね。とにかくやってみるって大事、うんうん。たどり着けるよう祈ってます！（笑）

 お悩み 記念写真が欲しい！
けど…

> 記念写真撮って
> 欲しいけど、
> 恥ずかしくて
> スタッフさんに頼めないです
> （不明）

ホテルのスタッフさんなら、何度も頼まれて慣れているので、**絶対大丈夫**です。あと、お部屋だったら気兼ねなく自撮りできていいかも。私はこの空間と自分を映したいってときは、スーツケースの上に置いてタイマーで撮っています。人目を気にせず、何テイクもできるのがいい！

 お悩み 夜中に気になるあいつ

> 夜中に冷蔵庫等の
> 機械音がなると、
> 地味に気になり寝られません
> （にぼし）

地味に気になる音って、ありますよね〜。私も一回気になると、結構ずっと気になっちゃうので分かります。そういうときは、音楽やラジオを聞いたりしてイヤホンしたまま寝たり、TV つけながら寝たりしてますね。後

はもう耳栓を持参するとかがいいのかも？

> 悩みに寄り添って
> 時には
> 突き放して!?（笑）
> 私が答えます！

OHITORI HOTEL

\ わたしの気分別 /

Chapter.

6

日帰りひとりホテル

1泊する時間はなかなか取れない、子どもがいて気軽にお泊まりするのは難しい…なんて方は、日帰りでホテルを楽しんでみるのはいかがでしょうか？ スパに、バーに、ホテルの使い方は無限大！ 気になるホテルに泊まる前に、ちょっと日帰りでのぞいてみるなんていうのもアリかもしれません。

ひとりホテル

スパ

SOJYU Spa

@由縁別邸 代田

アロマオイルを用いたトリートメントなどがある。プロダクトはアーティストの和泉侃氏と共同開発したオリジナルアロマシリーズを使用。

ソジュ スパ　☎0800-111-8707
📍東京都世田谷区代田5-6-3 由縁別邸代田 離れ内 🕙10:00 ~ 22:00（最終受付20:00）🈺無休
🚃小田急線世田谷代田駅から徒歩1分

Menu
アロママッサージ
（60分）＋温泉
1万3850円

1.スパトリートメントの施術部屋 2.旅館内にある茶寮のわらび餅とお茶 3.お庭も眺められる露天風呂

温泉とスパで
癒しのひとり時間を

"都心から最も近い温泉旅館"「由縁別邸 代田」の離れにあるスパトリートメント施設。旅館で温泉に浸かってから、美しい和空間で施術を受けられて、癒しのひとり休日が過ごせます。湯上がりに茶寮に寄るのもおすすめ！（別料金）

SPA AMUSTAS

@ホテル ザ セレスティン東京芝

コンセプトは「ジャパニーズ・コンフォート」。リラックスボディトリートメントは、その日の気分や体調にあわせて香りを選べる。

スパ アマスタス　☎03-5441-4361
📍東京都港区芝3-23-1 ホテル ザ セレスティン東京芝14F 🕙11:00 ~ 20:00（最終受付18:30）🈺無休 🚃三田線芝公園駅から徒歩1分

Menu
リラックスボディ
トリートメント（60分）
1万4300円

和空間とパティオで
くつろぎのひととき

こちらも和の趣が感じられるスパ。お部屋に漂うアロマの優しい香りにも癒されます。トリートメント前後に、洗練されたホテルのラウンジや緑豊かなパティオで心ゆくまでくつろぐことができるのも魅力です。

1.約700平米の開放的なパティオ。ソファでゆったりくつろげる 2.施術部屋は美しい和モダンな空間

バー

メインバー あさま

@グランドプリンスホテル新高輪

約5mの天井高を持つ空間にカーブの美しい
バーカウンターや、低めに設えられたソファな
ど、重厚な雰囲気の中で世界の銘酒やバーテ
ンダーおすすめのカクテルを味わえる。

☎03-3447-1139 ♥東京都港区高輪3-13-1グラン
ドプリンスホテル新高輪1F ⏰17:00 ～ 23:00
（LO22:30）🈔日曜 🚉各線品川駅・高輪台駅から
徒歩3分

壁画の裏に潜む
クラシックな別世界

小山敬三画伯のロビー大壁画「紅浅間」
の奥にあるメインバー。ホテルを設計し
た名匠・村野藤吾氏が手掛けていて、か
なり竣工時に近い状態で残されている
そうです。魅惑のクラシックな世界に酔
いしれて、至福の一杯を。

Menu

紅あさま
2034円

1.トリスタン物語をモチー
フにした壁紙など、ディ
テールをじっくり堪能した
い 2.創業から続くオリジナ
ルカクテル「紅あさま」

The Union Bar & Lounge

@ハイアット リージェンシー 横浜

神奈川県産の素材を用いたクラフトジンをは
じめ、常時10種以上揃うプレミアムジンが自
慢。シャンデリアを囲むバーカウンターで。

ザ・ユニオン バー＆ラウンジ ☎045-222-0100
♥神奈川県横浜市中区山下町280-2 ハイアット リー
ジェンシー 横浜1F ⏰ティータイム11:00 ～ 17:00
（LO17:00）、バータイム17:00 ～ 23:00（フードLO22:
00、ドリンクLO22:30）🈔無休 🚉みなとみらい線日本大
通り駅から徒歩3分

シャンデリアの下で至福の一杯

ホテルの象徴ともいえるクリスタルシャ
ンデリア「ヨコハマムーンライト」の真下
に、バーカウンターが。テーブルにもシャ
ンデリアの光が反射して、その美しさに
は目を奪われます。"ひとり横浜"の締
めにぜひ。

Menu

シンガポールスリング
1800円

1.圧巻のシャンデリアを囲
むバーカウンターと開放的
な空間が広がる店内 2.日
本の四季を楽しめる独創的
なカクテルが提供される

アフタヌーンティー

富士屋ホテル ラウンジ

昭和52年のフロント移動時に姿を消した、オーシャンビューパーラーを復刻したラウンジ。アフタヌーンティーセットや軽食を楽しめる。

ふじやホテル ラウンジ ☎0460-82-2211
📍神奈川県足柄下郡箱根町宮ノ下359 富士屋ホテル 本館1F ⏰11:00〜17:30(L017:00)、土・日曜・祝日は9:30〜 休無休 🚃箱根登山鉄道宮ノ下駅から徒歩7分
>P.96

Menu
Afternoon TeaSet
6400円

クラシックな世界に
ときめきが止まらない

クラシックホテルでのアフタヌーンティーなんてそれだけで夢のようなのに、あの富士屋ホテルでできるなんて! 向かいの花御殿を眺めながら優雅なひとときを過ごせました。ひとりだから、ストローの袋にもときめいて…。

1.窓越しには、華麗な和風の外観が特徴の花御殿 2.ストローの袋にはホテルのロゴが。目に入る全てが愛おしい

パレスホテル東京
ロビーラウンジ「ザ パレス ラウンジ」

暖炉と本棚が配され、まるで自宅のようにくつろげるロビーラウンジ。アフタヌーンティー"Stones"はグラスシャンパーニュ付きも。

パレスホテルとうきょう ロビーラウンジ「ザ パレス ラウンジ」
☎03-3211-5370(アフタヌーンティー予約専用ダイヤル)
📍東京都千代田区丸の内1-1-1 パレスホテル東京1F ⏰11:00、11:30、14:00、14:30、17:00、17:30 休無休 🚃各線大手町駅地下通路直結

Menu
アフタヌーンティー
"Stones"
8000円

器を愛でる
アフタヌーンティー

世界的に活躍する輪島塗塗師の赤木明登氏による漆器で提供されるアフタヌーンティー。じっくり器を愛でながら、おいしいお紅茶やスイーツを味わうのは、ひとりならではの楽しみ方かもしれません。

1.どら焼きバターや抹茶などメニューにも和の要素が(メニューは季節により異なる) 2.大きな窓から皇居外苑の石垣を望むことができ、自然と調和した空間に

DDD HOTEL/Cafe abno

デンマークのCoffee Collectiveのコーヒーや
スイーツ、食事メニューを提供するカフェラウン
ジ。朝食は予約不要。

ディーディーディー ホテル/カフェ アブノ
☎03-3668-0840
📍東京都中央区日本橋馬喰町2-2-1 DDD
HOTEL 2F ⏰朝食7:00～10:00
⊗無休 🚉JR馬喰町駅から徒歩1分　>P.38

Menu
朝食ビュッフェ
2700円

洗練された美しい
ビュッフェを楽しむ

農園直送の新鮮な野菜のサラダや、ブ
レッド類、スペシャルティコーヒーなどこ
だわりの品が並びます。カトラリーや器
類も美しく、まさに目も舌も喜ぶビュッフ
ェ！贅沢に"独り占め"したくなります。

1.取るのがもったいないと感じるほど並びも美し
い　2.日が差し込むラウンジは、日中もカフェ利
用できる

ホテルニューオータニ ガーデンラウンジ

江戸城外堀に囲まれた、約1万坪の広大な日
本庭園を望むティーラウンジ。スーパースイー
ツビュッフェやアフタヌーンティーも人気。

☎03-5226-0246
📍東京都千代田区紀尾井町4-1 ホテルニュー
オータニ ガーデンタワー ロビィ階
⏰朝食6:30～10:00 ⊗無休
🚉各線赤坂見附駅・永田町駅から徒歩3分
>P.92

Menu
パーフェクトプレート
5980円
（女性は5175円）

この世の"おいしい"を
独り占め

6種のサンドウィッチに黒酢酢豚や油
淋鶏、フライドポテトなどを盛り合わせ
た、その名も「パーフェクトプレート」。こ
の世のおいしいが詰まったひと皿を、庭
園が望めるレトロなラウンジで独り占
めする時間、たまりません。

1."パーフェクトプレート"の名にふさわしいラ
インナップ　2.オープン当時から変わらない内装
もいい

ひとりホテル

ホテル好き＆旅好きのあの人は、どんなホテルに泊っている？
ひとりで過ごしたいおすすめのホテル＆宿を教えてもらいました。

フリーアナウンサー

宇賀なつみさん
×
サリーガーデンの宿 湯治 柳屋

別府温泉郷のひとつ、鉄輪（かんなわ）温泉の宿。源泉掛け流しの温泉や、名物の地獄蒸し料理を楽しめる。

サリーガーデンのやど とうじ やなぎや　☎0977-66-4414
📍大分県別府市鉄輪井田2組 鉄輪銀座通り🛏18室
💴1人1泊1万5400円〜　🕐IN14：00 OUT10：00
🚃JR別府駅から車で20分

宇賀さんの
BEST SHOT

「じっくり温泉に浸かったあとのスチームサウナが最高です。」

温泉が好きで、全国各地を旅しているという宇賀さん。「別府の鉄輪エリアは、古きよき温泉街の雰囲気が残っていて、外湯めぐりもできる」のが魅力だそう。鉄輪に数ある温泉宿のなかでも湯治 柳屋は、「伝統が感じられるのに、スタイリッシュな空間。中庭の"地獄釜"で、買ってきた食材を蒸して食べるのがおすすめですよ。自炊ができるのでひとり旅にぴったりです。近くにある"すじ湯"で、地元のおばちゃんたちと会話するのも楽しいです」と太鼓判。「旅をするときは、手帳とペンだけは忘れません。見た景色や出会った人、感じたことを書き留めておくようにしています」。

文筆家

甲斐みのりさん
（かい）
×
RYOKAN PLUM

歴史の街・小田原にある、大正時代の民家を利用した宿。共同キッチンがあり暮らすように滞在できる。

リョカン プラム　☎なし
📍神奈川県小田原市栄町1-19-14🛏5室
💴1人1泊1万1600円〜　🕐IN16：00 OUT11：00
🚃JR小田原駅から徒歩9分

「ラウンジで本を読みながら猫と触れ合える、そんな素敵な宿。」

「築100年以上の古民家を活かしながら、照明や家具はモダンなものが取り入れられています」。建築に関する著書も多い甲斐さんにとって、RYOKAN PLUMは心惹かれる空間。「ラウンジにたくさんの本が置かれているので、自由に淹れていいコーヒーを飲みながら本を読んで過ごしました。」「小田原は街をめぐっても楽しい。"小田原文学館"を訪ね、書店"南十字"で本を買って、宿で読むのもおすすめ」と、甲斐さんならではの過ごし方を教えてくれました。「猫好きとしては"ゴロ吉"という地域猫の定席が入口前にあり、かなりの確率で出合えるのもポイント」だそう！

甲斐さんの
BEST SHOT

みんな違って、みんないい　**あの人の**

向井さんの
BEST SHOT

お笑い芸人

パンサー 向井慧（さとし）さん

×

別邸 洛邑

全室スイート仕様の客室は、源泉掛け流しの露天風呂付き。朝食やディナーはビーチサイドレストランで。

べっていらくゆう　☎0558-22-1233
静岡県下田市柿崎1116-8 8室 料1人1泊9万750円～
IN13:00 OUT11:00 伊豆急下田駅から車で5分
※基本的に会員制（一休や楽天トラベルから予約可能）

「すぐ目の前が海！プライベートビーチのように過ごせます。」

向井さんにとって、サウナと露天風呂付きの客室があるかどうかはホテル選びの重要な条件。「“別邸 洛邑”はその両方が揃っていて、さらに海辺という立地が決め手でした。普段ホテルではなるべく部屋から出ずに過ごすのですが、このときは魚釣りのゲームを持って行き、生の海の音を聞きながらプレイするという贅沢な時間を過ごしました」。そんなおこもりステイ派の向井さんの必携アイテムは本。「電車に乗る前に文庫本を一冊買っていきます。それをやっている自分に酔いしれることもできます（笑）」と独特のスタイルを明かしてくれました。

放送作家・脚本家

小山薫堂（くんどう）さん

×

葉山ホテル音羽ノ森

全室オーシャンビューのリゾートホテル。1987年に創業し、2023年にリニューアル。

はやまホテルおとわのもり　☎046-857-0108
神奈川県横須賀市秋谷5596-1 15室
料1人1泊6万5043円～（2食付） IN15:00 OUT11:00
JR逗子駅から車で約15分

小山さんの
BEST SHOT

※リニューアル前の写真

「海を見ながら原稿を書き、思索に耽るのがお決まりです。」

ホテルや飲食店の企画プロデュースを数多く手掛ける小山さん。自身のホテル選びのポイントは「窓からの借景」だそう。「外を眺め、ひたすらボッーとしながら、何かひらめくのを待ちます」と、仕事人ならではの理由を語ってくれました。景色のいいホテルが小山さんのアイディアの源になっているようです。「“葉山ホテル音羽の森”は、20代の頃から大好きなホテルなのですが、ある日ふとここで原稿を書きたくなり、ひとりで宿泊しました。海を望む客室で原稿を書いたり、考え事をしたり…夜は葉山に食事に出かけました」と、贅沢なひとり時間の過ごし方を教えてくれました。

料理家

山脇りこさん

×

Yoichi LOOP

余市駅の目の前にある、「ワインを楽しむホテル」。併設の
レストランではコース料理を提供。

ヨイチ ループ　☎0135-21-7722　📍北海道余市郡余市町
黒川町4-123　🛏11室　💴1人1泊1万1000円〜、ディナー付き
プランは2万7500円〜　🕒IN15:00 OUT10:00
� JR余市駅から徒歩1分

料理は一例

「自分の部屋だったらいいなと思うほどの、居心地よさが魅力です。」

「余市に泊まるときはここ一択なんで
す」と教えてくれたのは、料理家で旅
好きでもある山脇さん。「余市は今や
日本のヴァンナチュールの聖地。畑
にブドウを摘みにいくボランティアに
参加したり、ワイナリーを回ったりす
る時に泊まるホテルを探していま
した」。そんなときに、グルメなご友人

のおすすめで出合ったというのが
"Yoichi LOOP"。「1階がレストラン
なのですが、調べてみたらホテルもあ
ると知って。夜、部屋の窓から外を見
ると、ここはどこだろう…といつも思
います。アメリカンな看板があって、
"海外の知らない街"みたいです。そ
れがなんとも好き」。

山脇さんの
BEST SHOT

自遊人代表・クリエイティブディレクター

岩佐十良さん

×

SHIGUCHI

築150年の3棟の古民家の内部は現代アートで彩られ、ま
るでギャラリーのような空間。

シグチ　☎0136-55-5235
📍北海道虻田郡倶知安町花園78-5　🛏5室
💴1人1泊10万4542円〜（2食付）🕒IN15:00 OUT11:00
� JR倶知安駅から車で15分（無料送迎あり）

「古民家をリノベーションした空間に惹かれて。」

里山十帖（→P.52）などの宿泊施設を
手掛ける岩佐さん。"SHIGUCHI"の
オーナーであり、クリエイティブディレ
クターのショウヤ・グリッグさんとは
既知の仲だという。「まずは空間にじ
っくり自分の身を置いて、彼の感性を
五感で感じました。その後は客室の温
泉に入って心を鎮め、今進行している

仕事に問題点がないか頭の中で検証
したり、思考の整理をしたり。ほとん
ど外出せずに部屋の中で過ごしまし
た。ひとり旅の目的は、自分の方向性
を確認したり、起こりうるリスクを検
証したりすること。そのためにはパソ
コンを開かないこと、スマホを見ない
こと、この2点がもっとも重要です」。

岩佐さんの
BEST SHOT

遠藤さんの BEST SHOT

建築士・カラーデザイナー
遠藤 慧さん
×
帝国ホテル 東京

開業130周年を迎えた名門。本館14〜16階の特別階の客室は、伝統美を大切にしている。

ていこくホテルとうきょう ☎03-3504-1111
📍東京都千代田区内幸町1-1-1 🛏544室
🏷1人1泊6万3800円〜 🕐IN14：00 OUT12：00
🚃各線日比谷駅から徒歩3分

「帝国ホテルは、一度は泊ってみたい 憧れのホテルでした。」

自身の著書『東京ホテル図鑑 実測水彩スケッチ集』で、さまざまなホテルに宿泊しその魅力を描いてきた遠藤さん。「"帝国ホテル 東京"は、やはり東京を代表するホテルなので、一度は宿泊してみたいと思っていました。ホテルステイのお供に持っていったのは『帝国ホテル建築物語』。フ

ランク・ロイド・ライトが設計した2代目本館の建設にまつわる物語を綴った本です。お部屋で読んでいると、まるで歴史の流れの中に自分も参加したような気分に。夜は"オールドインペリアルバー"で、2代目本館の90周年を記念したカクテル"オリエンタル ジュエル"を楽しみました」。

ブランディングディレクター
福田春美さん
×
板室温泉 大黒屋

美術館やギャラリーを併設する温泉宿。源泉掛け流しの温泉や黄土浴で癒される。

いたむろおんせん だいこくや ☎0287-69-0226
📍栃木県那須塩原市板室856 🛏31室 🏷1人1泊2万6550円〜（シングルルーム） 🕐IN14：00 OUT10：30
🚃JR那須塩原駅から送迎タクシーで30分

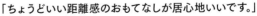

>P.46

「ちょうどいい距離感のおもてなしが居心地いいです。」

福田さんの BEST SHOT

ライフスタイルストアやホテルなどのブランディングを手掛ける福田さん。趣味の旅行では、自身がプロデュースしたホテルに宿泊することも多いのだとか。そんな福田さんのお気に入りは、倉庫美術館を併設したアートな宿、"板室温泉 大黒屋"。「若旦那とアートの話で盛り上がり、以来リピ

ートするようになった」とのこと。「放っておいてくれながらも気に掛けてくれる、さりげないホスピタリティが魅力です。ひとり部屋があるので、とにかく集中して休めたり、仕事を持ち込んだり。好きなときにお風呂に入って、のんびり過ごせます。カフェ"水琴亭"のあんみつもおすすめです」。

©Kentauros Yasunaga

Entô（エントウ）島根・隠岐の島

みなみ ほか

「交通の便が良くないところにわざわざ一人で行って過ごすことで、内省したり、いろんなシガラミから解放される。特に、ジオパーク内にあるから地球規模で考えたら私は砂粒程度なんだから、悩んでることも大したことない！って思える」

りえ

ガレリア御堂原 大分・別府

「別府の温泉街をアートで表現されていて視点を変えて、別府を楽しむことができました。ホテルが高台にあり、客室からは別府市街を見渡すことができるので、旅の思い出を振り返るのに適したホテルでした」

三井ガーデンホテル 神宮外苑の杜プレミア
東京・信濃町

「都会と自然が味わえる。朝食も美味しく周辺の散歩も最高」

まちゃちゃ

ばる

松本本箱 長野・松本
「ひとり読書旅にもってこい！」

フェアフィールド・バイ・マリオット 道の駅プロジェクト

どっちゃん

「日本のよさを独り占めできる」

楽土庵 富山・砺波

しまこ。

「建築やアートだけでなく、富山愛を感じる」

Hotel Noum OSAKA
大阪・天満橋　ゆい

「ひとり旅デビューにぴったりの、人が素敵なホテル」

HOTEL CORINTHE
長野・軽井沢　匿名希望

「ひとり静かに美しい時間を過ごすための場所として素晴らしい」

Winerystay TRAVIGNE 新潟・新潟
mana「ワイナリーに泊まるという非日常の特別感」

旅籠屋 定山渓商店
北海道・札幌　よっちゃん

「夕食は焼肉、もちろんおいしいお酒も！ひとり用の部屋もあります」

ホテリ・アアルト
福島・北塩原　horry ほか

「裏磐梯の沼地で静かな北欧おこもりステイ」

チャシバクINN
北海道・洞爺湖　ちーさん

「洞爺湖が目の前で朝散歩も最高。お部屋もとっても素敵でした」

ほかにもフォロワーさんのおすすめ！

LYURO東京清澄 by THE SHARE HOTELS（あんず ほか）
slash 川崎（こり）
hitorigomori（みそ）
ホテルニューカマクラ（まりも）
志摩観光ホテル ザ クラシック（匿名希望）
THE BASICS FUKUOKA（営業woman）
東京ステーションホテル（匿名希望、えりこ）
ヴィアインプライム日本橋人形町（Nasuchi）
おちあいろう（タカ）
スイデンテラス（匿名希望）
ふふ奈良（ちゅん）
BnA Alter Museum（あかり）
Kagelow Mt.Fuji Hostel Kawaguchiko（匿名希望）
Len Kyoto Kawaramachi（ちゃーはん）
SOKI ATAMI（ももり）
ホテル1899東京（ももりん）
MEGURU 巡（とまと）

ほかにもまろのおすすめ！

札幌グランドホテル（北海道・札幌）
NIPPONIA 白鷹 源内邸（山形・白鷹）
all day place shibuya（東京・渋谷）
NO SERVICE HOTEL（東京・浅草）
sequence SUIDOBASHI（東京・水道橋）
日本青年館ホテル（東京・外苑前）
KAIKA 東京 by THE SHARE HOTELS（東京・浅草）
ホテルメトロポリタン羽田（東京・羽田空港）
ホテルニューグランド（神奈川・横浜）
箱根リトリート fore（神奈川・箱根）
TWIN-LINE HOTEL KARUIZAWA JAPAN（長野・軽井沢）
ニッコースタイル名古屋（愛知・名古屋）
嵐山邸宅 MAMA（京都・嵐山）
ホテル講 大津百町（滋賀・大津）
A&A Jonathan Hasegawa（岡山・岡山）
滔々（岡山・倉敷）
ホテル イル・パラッツォ（福岡・福岡）
カラリト五島列島（長崎・五島）

※色つきのホテルはまろさんもおすすめのホテルです。

続いては、フォロワーさんに聞いた好きな〝ひとりホテル〟。気になるホテルがたくさん！後で調べてみようっと。私も載せきれなかったおすすめホテルも一挙にご紹介します。

ひとりプランがあるホテル

実は探すと出てくる "おひとりさまプラン"。いわゆる2名1室の料金よりはお安い、お得な値段で宿泊ができることも。ホテルが応援してくれるのは心強い！ですね。

星野リゾートの「界」

ひとり温泉デビューを応援！

温泉旅館ブランド「界」は冬限定で "おひとりさまプラン" を販売。昨年は、ひとり鍋会席や貸切露天風呂の "湯上がり用" のスパークリング酒がついた、ひとり温泉デビューを後押ししてくれる素敵なプランでした。

Recommend

界 雲仙ではお部屋の半分が露天風呂スペースの「客室付き露天風呂」と名付けた客室があります。滞在中、何度も温泉に入り、湯浴みチェアでくつろいだり、足湯をしたりとさまざまな方法で温泉三昧をお楽しみいただけます。

界 雲仙 総支配人
山根凪紗さん

| 界 雲仙 | >P.64 |
| 界 長門 | >P.162 |

雑誌『自遊人』がプロデュース

私も愛用し続けている "ひとり旅プラン"

自遊人が運営する多くのホテルでは、平日中心に "ひとり旅プラン" を販売しています。私もかなりの頻度で同プランで宿泊していて、実際行くとおひとりさまも結構いるので、なんだかうれしくなります！

Recommend

南魚沼の雄大な自然、絶景の露天風呂。そして二十四節気、七十二候に合わせた食事をお楽しみいただけます。おすすめは14時からのアーリーチェックインをご利用いただき、16時30分からの早苗饗キッチンツアーに参加すること。ご夕食がさらに楽しくなるツアーをご用意しております。夕食後は星空を眺めながら、お酒を片手にテラスで里山の夜をお楽しみくださいませ。

里山十帖 支配人
松浦由奈さん

| 里山十帖 | >P.52 |
| 箱根本箱 | >P.84 |

板室温泉 大黒屋

理想のシングルルームがここに

こんな理想の、夢にまで見た "シングルルーム" があったなんて…と感動のあまり立ち尽くしてしまいました。美しい設えは全てひとり仕様で、心地いい空間が広がっています。連泊もおすすめです！

Recommend

古くから「下野の薬湯」として親しまれてきた板室温泉。ぬるめのお湯でじんわりと身体を芯から温め、地のものをふんだんに使った滋味料理で身体の中から綺麗になってもらい、アートを通して、美意識に働きかける。大黒屋に滞在し、身も心も美しくなってもらいたいです。

板室温泉大黒屋
フロント 髙村直人さん

| 板室温泉 大黒屋 | >P.46 |

INDEX

おひとりホテル MAP

撮影
HIKARU
朝日新聞出版 写真映像部（上田泰世、佐藤創紀）

写真協力
朝日新聞フォトアーカイブ
関係施設各所

表紙・本文デザイン
矢部あずさ、岡澤輝美（bitter design）

DTP
石嶋弘幸

企画・編集
朝日新聞出版
　生活・文化編集部（白方美樹、永井優希）
若宮早希

まろ

おひとりプロデューサー。1992年生まれ、東京
都出身。早稲田大学卒業後、テレビ朝日に入社。
番組プロモーション・メディア運営に従事し、
2023年に独立。ひとり時間の過ごし方を提案
するメディア「おひとりさま。」(@ohitorigram)
をInstagram中心に運営。中でも、ひとりホテル
ステイに関するコンテンツが人気を博し、自身
が原案となった「おひとりさまホテル」(漫画：マ
キヒロチ/新潮社) コミックスが好評発売中。
幅広いひとり時間に関する発信・執筆活動の
ほか、企業のおひとりさま向けプランの企画・
プロデュースも手掛ける。

おひとりホテルガイド

2024 年 6 月 30 日　第 1 刷発行
2024 年 8 月 30 日　第 3 刷発行

著者　　　まろ
編著　　　朝日新聞出版
発行者　　片桐圭子
発行所　　朝日新聞出版
　　　　　〒 104-8011　東京都中央区築地 5-3-2
　　　　　（お問い合わせ）infojitsuyo@asahi.com
印刷所　　大日本印刷株式会社